讀書劄記

對西方社會和思潮的
近距離觀察

杜智富

杜智富其他著作

The Rise of China, An Internal Analysis

2080, When Women Are in Charge

龍馬精神

致敬

我的哲學啓蒙老師

中央研究院

中國文哲研究所

吳汝鈞教授

目錄

序

　　清末以及整個二十世紀，中國經歷了外強入侵，政權傾覆，兩次革命及其後的艱苦重建。在這整個過程中，中國人不免對自己的文化進行了重估，並持久地探索西方的思潮和方法。

　　成長于二十世紀下半葉的筆者，自少年時期始也不免對東西方的差異甚感好奇。及長，筆者成爲通訊工程師，生活於微觀世界之中，但仍然對東西方在政治和思想方面的異同保持興趣，不過由於缺乏社會科學方面的訓練，筆者當時的關注只能停留在淺顯的閱讀層面。

　　筆者從電訊行業退休後，決定擡起視野，要從微觀世界進入宏觀世界，於是筆者開始了長達十年之久的政治經濟學和政治學的學習，并於 2010 年完成政治學碩士學位，於 2016 完成政治學博士學位。

在這漫長的十年學習中，筆者把一些重要的學習心得寫成中文文章。這些學習心得可以說全是對西方社會和思潮的反思，由於筆者長期在西方生活，因而這些心得也可以說是對西方社會和思潮的近距離觀察。

筆者希望與有興趣東西方思想的朋友分享這些心得和反思，因而筆者把這些文字匯整成書好與大家見面，希望得到大家的批評和指正，聯係電郵如下：

Michael To

PhD

Political Theory and Comparative Politics

michaelto258@gmail.com

民主乎，帝國乎
西方政治思想不解之結
2009 03 27

西方思想界，有一個奇特的現象，就是越往人文和古典哲學方向接近，就越會發現不少的保守觀點和人物，大家可能會直覺的認爲講人文，講古典哲學的學派，會是更崇尚民主自由的大本營，民主不是起源于古希臘的雅典嗎？

以美國保守派爲例，他們認爲美國骨子底下並不是要建立一個平民主導的民主制度，美國立國先賢在聯邦書信裡，表達出這麼一個意思，即要建立一個共和政體，他們最擔心的是建立成一個平民掌權的民主政體，尤其是像雅典或法國大革命後的民主政體。

　　問題是共和與民主並不抵觸，那麼他們
為什麼要強調共和呢？他們所謂的共和政體指
的是羅馬式的共和政體，這又引起了一個疑
問，羅馬的共和政體有從平民中選出的護民官
等等，也是和民主不相抵觸的，原來他們所謂
的羅馬共和政體指的是羅馬帝國。

　　他們大致的想法是，自兩千多年前希臘
的雅典嘗試過民主政體之後，民主在西方就再
也沒有真正的實行過，直到兩千年後的法國大
革命，民主才第一次再出現，英國大憲章在他
們看來不是民主，那只是貴族與國王之間的分
權約法，與人民有沒有權力無關，而雅典與法
國大革命在他們看來都是暴民政治。也就是說
在西方的政治歷史上，兩千多年來，民主制度
從來沒有成功過，直到美國的出現。

　　美國保守派的看法是，美國立國先賢努
力要防範的是平民掌權的民主政體，防範的方

法是讓美國政體更傾向於寡頭政治，也就是說傾向於有錢和有產階層掌權，另一方面是要建立三權分立，據托克維爾的說法是要三權互相抵抗，用以挫折人民的意志。但他們念念不忘的還是共和體制，意思就是要建立羅馬式的新帝國。

　　支持這一派的理論基礎是建立在人性基本上是惡的這麼一個看法，於是古希臘以美德為基礎的道德觀，即蘇格拉底，柏拉圖和阿裡斯多德的論述被十五世紀的馬基雅維利和十六世紀的霍布斯的現實政治理論所取代。他們認為人必然無休無止地追求自私和權力，政治就是要如何駕馭和利用人的自私性，所有的政治都是現實政治。美德於是被從新定義為能辦大事能克服大困難的能耐。

　　那麼為什麼要那麼崇拜羅馬帝國呢，原來他們認為羅馬是自古至今最成功的政體，羅馬滅亡後歐洲一直企圖複製羅馬體制，但從來沒有人成功過，那是直到美國出現之前。

按照他們的說法，羅馬的偉大和天才在於羅馬成功地偽裝了一個專制的帝制，即羅馬體制骨子底下是東方波斯的帝制，表面上覆蓋的是古希臘城邦政治的皮，也就是元老院，護民官等等的制度。

為什麼這張皮這麼重要，他們的解釋是西方政治思想裡有一個揮之不去的憧憬，原來西方政治理想的原型就是古希臘的城邦政治，城邦政治誘人之處在於，人人都可以參與統治和被統治，人人都像個人樣，因而人人都可以英雄豪傑一番。

可是西方理想的城邦政治卻從來也沒有在真正意義上存在過，即使在雅典民主的鼎盛時期，雅典已經抵擋不住建立帝國的誘惑了。

原來的城邦政治，有明顯的地域性，部落性和排他性，以傳統為重，人們推崇的德性其原意為男子氣概，可是到了蘇格拉底和柏拉圖手裡，德性變成有普世價值，有道德性，而且是與形而上哲學掛的上鉤的概念，有人認為蘇格拉底，柏拉圖，阿裡斯多德等人的學說是古希臘城邦政治和英雄精神沒落之罪魁禍首，尼采就是持這種觀點的代表性人物。

羅馬政治還有一個巧妙之處，就是如何駕馭社會上有巨大野心的英雄人物，羅馬的巧妙是用對外擴張來消耗這些不安份子，一方面帝國擴張了，一方面讓青年男子有發揮才幹的機會。而國內則用與平民不斷的討價還價，和分權的方法來穩住人心，他們發現不斷的國內階級間的抗爭有長久的好處和必要，就是有不斷的完善法律，擴大自由，和合理的解決各階層之間茅盾等等好處。

美國右派學者，日裔的福山在他的"歷史的終結和最後的人"一書裡就表達過這樣的憂慮，他認為民主政治成功之後，長久的太平使得一國的人民慢慢變得女性化，於是他提出類似羅馬制度的作法，就是說民主國家也要不時出兵國外，用以保持男性同胞的驍勇氣概（**thumos**），被拿來練的多是一些比較小的國家。

這裡面還包含了一層深意，就是作為一個國家，應該具備一點攻擊性，這有點像下棋要採取主動攻擊，出了攻擊性的先手，不論有無深意，總會牽動對手的心理，搞亂對手的思路和佈局。若說一個攻擊性的國家必會遭受巨大的折損，他們會反駁說挨打是更大的折損，他們比較斯巴達和雅典的成敗，斯巴達驍勇善戰卻對建立帝國沒有興趣，出征往往是因為感受到雅典的壓力，斯巴達人只想搞好自己的家園，雅典則四處征討，結果是斯巴達沒有留下任何東西，而雅典留下的是輝煌的文化，包括哲學，數學，建築，藝術等等。也就是說一個野心勃勃攻擊性的國家不光是具有以攻寓守的含義，也同時帶來了各式各樣的進步，包括文化的和技術的進步。這一整套隱藏的思路，可以用一句馬基雅維利的名言來概括："It is better to be impetuous than circumspect…" 大意是：要敢沖敢闖，不要瞻前顧後，因爲運氣是闖出來的。

羅馬最後亡於軍人亂政，這個問題美國處理的很好，美國的文人政府指揮軍人，軍人效忠憲法，在美國還沒有出現過敢於違背這些天條的軍人。

可以説美國的出現完成了兩件大事：

1) 建立了一個成功的而且是避免了平民掌權的民主體制，可以説此後出現浩浩蕩蕩的世界民主大潮都是源自美國式民主制度的成功，與希臘無關，與英國的大憲章無關，更與法國大革命無關。

2) 西方第一次成功地複製了羅馬的共和體制，甚至是比羅馬帝國更大的，橫跨全球的強權。

　　美國的成功有兩大條件，一是新大陸，沒有封建貴族的阻擾，印第安人構不成威脅，二是立國先賢們飽讀政治理論和歷史，對國家建設有清楚的想法。

　　美國在十九世紀開始逐漸強大，到了一戰後就已成世界強權，越來越像新羅馬帝國。

　　當年羅馬天才地偽裝了帝制，好像是欺騙了平民，其實是大家互相利用，只要對外征戰，羅馬的貴族們就需要不斷地向平民作出讓步，久而久之，平民的力量越來越大，共和變得更接近民主。

美國的政治也可以這麼看，不管立國先賢是如何設計的共和體制加寡頭政治，只要你用上民主的外貌，那就有了一個不斷需要向人民傾斜的趨勢，於是今天的美國式民主，兼有了寡頭和民粹的傾向。

可以這樣概括，貴族和有錢人喜歡共和，平民老百姓想要民主，這麼看就會明白為什麼學人文和古典哲學的有不少是保守的右派，傳統上是貴族和富家子弟學這些東西，人文和古典哲學自古以來就是貴族的教育。

新狂人日記及後記

2010 04 04

這是一篇相當狂妄而又不失深刻含義的虛構故事，其中描述了西方十九，二十世紀在思想上的混亂局面，和當時西方學者們的深刻反省，我們在研究西方思潮發展的過程中，因而有了許多參照和反思的素材，此文的故事雖然是虛構的，但是其中出現的西方人物卻都是實名的大思想家，讀者們或許需要耐心地看到最後才好得出全貌。

新狂人日記

早上八九點鐘的太陽高懸，街市上已經蠻熱鬧的了，忽然一個狂人提著一個明亮的大燈籠沖進街市，逢人就問，你看到了西方嗎？你看到了西方嗎？我在找西方。眾人大笑，有人說這是個瘋子，有人說他書讀得太多糊塗了，也有人說他一輩子沒娶，家裡沒有女人和孩子，思想怎能不混亂，忽地，狂人跳到眾人面前，目光炯炯地說：西方在那裡？我告訴你們吧，西方已死，是你們和我一起殺死了西方，我們都是謀殺者啊，這樣地球就脫離了太陽系，墜入宇宙的深處，向上，向下，向左，向右，誰知道啊？你們感受到宇宙深處的寒冷了嗎？掘墓者來了嗎？不埋葬，死了的西方是會發出腐臭的，我們如何安慰自己啊，這世界上最神聖最偉大的文明：西方已死，誰來替代西方？忽然狂人靜下來了，眾人無語，面面相噓，狂人一下子把大燈籠摔了，口中念念有詞："我來的太早了，我來的太早了，雖然這些人還沒聽到西方死亡的消息，但是西方卻的確是他們殺死的"。

那天稍後，有人看見狂人進入大教堂，在大教堂裡獨自大唱安魂曲，神甫把他拉出教

堂，問他怎麼回事，狂人說：「你們這些教堂
難道不是西方的棺和墓嗎？」

　　幾天後有人說狂人進了精神病院，他登
記時用的名字是尼采。

街坊議論 (上)

　　人群中一個學者模樣的年輕人，人叫小
翟 (Hubert L. Dreyfus)，說他打聽到西方是怎
麼死的，西方是得了一種絕症而死的，眾人急
問，什麼絕症？小翟說西方得的是虛無絕症
(nihilism)，這個病是一種病毒感染，得病的人
會不信一切，懷疑一切，病到後期會胡言亂
語，整天嚷嚷宇宙間沒有真理，也沒有主宰，
人生沒有意義，什麼都沒有意義，對所有公眾
事務失去興趣，只對個人吃喝玩樂，極度消
費，和整天看肥皂劇，還保留了點興趣，對任
何其它事物都採取負面，抵觸和對立的心

態，到了最後期，人的四肢肥大臃腫，思想遲鈍萎靡而死，小翟還說今天歐美街頭像這樣癡肥到二三百磅的人都是得了這種虛無絕症，眾人抗議，說從來沒聽過有這樣名字的絕症，小翟說你們要是不信，聽聽我老師的解釋你們就明白了。

此時從小翟後面走出來一個中年人，中年人自報名字，姓海名德格 (Martin Heidegger)，海德格說：西方這個病，打從娘胎裡就感染了，準確的說，感染始於兩千多年前蘇格拉底和柏拉圖的年代，眾人一聽越發糊塗，於是海德格就擺開陣勢，為眾人開課了，說是這個虛無絕症的病源體的拉丁學名叫形而上哲學 (metaphysics)，其實就是一般大家叫的西方哲學 (philosophy)，這個病源體始原於蘇格拉底和柏拉圖師徒二人的腦袋裡，據說是因為他們腦子裡老想著最終的善 (idea of the good)，完美的形狀 (the

form)，自然在人身之外，想多了，引起腦子內基因異變就成了病毒，兩千年來這個病毒不斷異變，在不同的時代，異變後的名字也不一樣，比如在加里略的時代，人們叫它科學，到了迪卡爾的時代人們叫它為物我分離的意識學，到了尼采的時代它的名字變成科技 **(technology)**。

這時，人們說不要再說這些學理和拉丁名字了，說說病症怎麼看得出來吧，海教授有點失望，但是還是順從了眾人的要求，他說今天的醫學界有三個方法可以趁斷一個人是否得了虛無絕症，第一個是，要是某人相信唯物主義，那他肯定是得了這個病，第二個是，要是某人崇拜科技教，那他也是得到了這個病，第三個，也是最重要的一個，就是凡是堅決表示自己沒有虛無病的，那他肯定是有了此病，這第三條其實是包含了你我和全體西方的民眾，一個都逃不掉，非西方的民眾沒事，因為這是西方獨有的基因遺傳病。

　　眾人聽了面面相覷，惶恐到了極點，海德格也擔心起來，馬上開解大家，說其實這個病，甚至到了後期，也不一定非死不可，只要大家不明真相，人們還是可以繼續吃喝玩樂，極度消費，整天看肥皂劇，重要的是不要點破，雖然是比較癡肥腦殘，會短命一點，但是不會劇烈地死去，可恨的是那個尼采，大家急忙的問，那個瘋子尼采嗎？他又幹了什麼壞事，趕快給大家說說啊。

　　海教授欲言又止，吞吞吐吐的，後來終於被大家勸服，道出真相，原來瘋子尼采沒瘋前是虛無病毒的研究員，據他的研究，病毒最新的異變體叫權力意志 (the will to power)，又叫價值虛無論，原來世界上真的沒有真理，更沒有上帝，真理和上帝都是人的創造，價值是人的說詞，意志也是人的意志，而在臨床實驗時尼采還發現，你只要告訴病人這個真相，本來不會馬上死的病人，會忽然全面地發作，會全面的不信一切，懷疑一切，開始胡言亂語，甚至大聲喊叫宇宙間沒有真理，上帝已死，然後就忽然暴斃，我們大家開了個會，作了個決定，從此禁止尼采參與研究，也禁止他發表他的臨床發現，怕的是出現大規模的死亡。尼采被趕出研究所不久之後，由於心裡有話說不出，最後就憋瘋了，此時一個東方面孔的人舉手要求發言，海老師累了，眾人也累了，大家說今天大家就散了吧，明天同一時間，同一地點再議，東方人只好與大家一起散去。

街坊議論 (下)

　　第二天，同一時間，同一地點，大家積極地再聚到一起，海教授和小翟又站在眾人面前，只是這次小翟推著一個輪椅，輪椅上坐著一個極其衰老的長者，長者頭埋在胸前，眼睛緊閉，大家很懷疑他能否跟得上海教授的講課，海教授往人群裡一看，馬上點出昨天要發言的東方人，叫他先說，東方人先自我介紹，說他的名字叫達三，意思是達天，達地和達人，還說達三跟德文裡的 dasein 有近似的意思，眾人擔心這個東方人扯遠了，就說我們都叫你東方得了，省得大家去理解你那麼複雜的名字，達三明白大家的意思，就馬上轉入正題。

據東方(達三)說，他來到本地是來探望他病中的學長：西方先生，不意他病的那麼重，住在加護病房裡，醫生說西方已經進入彌留狀態，不出一個小時就會停止呼吸，東方心想他學過針灸，反正沒事幹，趁醫護人員不在，就替學長把了一下脈，掏出了金針猛地在西方腦後紮了一針，不意奇跡出現，西方蘇醒了，醫護人員一時間手足無措，看來束手無策之時，東方的辦法可能是救西方的辦法也未可知，眾人聽了大為驚異。

可是東方說他今天來主要不是要說西方生還的奇跡，他昨晚想了一晚，認為虛無這個絕症用東方的方法來醫，很有前途，而他的理論卻是根據昨天海教授講的虛無病毒的由來和異變的歷史，今天要向海教授一一討教。海教授點頭示意東方繼續說下去。

首先東方認為，蘇格拉底和柏拉圖對自然外在於人的態度，基本上不是問題，需知道人在宇宙之間連微塵都不如，放眼四處，百分之 99.9999999...，都是人身之外的事物，能不如此觀察問題，還能怎樣呢？再說了，西方認為希臘哲學是西方的 DNA，那是自己往臉上貼金，你自己本來就是像尼采說的充滿了生氣，殺氣，豪邁到不行的蠻族，幹嘛老是把希臘那一套說成是自己的 DNA 呢，要說繼承希臘，人家穆斯林比你們更有資格，你們第一次看到希臘的書，還是穆斯林的翻譯本呢，海教授一面聽一面點頭稱善。

　　東方繼續說加里略的 Science 也不是問題，迪卡爾的物我分離的意識論是有點搞過了頭，造成人視世界如一副圖畫，於是人置身於世界之外，與世界成了對立的關係，對思想混亂有一定的貢獻，但是不是致命的，要命的是尼采這個瘋子的發現，是他最後說穿了這個絕症的真相：一切都是人的說詞，價值如此，意志如此，更不用說真理和上帝了。但是尼采瘋子的這個發現也不一定非要致命，關鍵是西方還為自己添加了另一個外來的 DNA，這時海教授耳朵豎起來了，連坐在輪椅上的長者也抬起頭來了。

　　東方說這就是你們堅決地繼承了猶太教和基督教原罪概念的 **DNA**，把一個本來生龍活虎的英雄人格，變成了尼采說的永遠心存歉疚和罪惡感的奴隸人格，要是沒有上兩千年的一神教對你們心靈的枷鎖，你們就不會一意識到上帝並不存在，就惶惶不可終日，連大聲疾呼要成爲超人的狂人尼采都難免有奴隸的恐懼，你們要是有東方的天地人鼎足三立的觀念，也就是我的名字，達天，達地，達人的意思，那麼今天發現到除了人和自然之外，別無他物，全是人的意志，全是人的價值，那又如何？本來就應如此嘛，人要善養浩然之氣，人要頂天立地，何至於像你們這樣的如喪家之犬，海教授和老者一時陷入沉思裡去，場面有點凝結，小翟趕忙給大家介紹，長者是大名鼎鼎的黑格爾教授（**Wilhelm Friedrich Hegel**），大家倒吸一口冷氣，今天難道是撞鬼了，兩百年前的老人都出現了。

　　不意老者發話了，　老者讓小翟問大家，
難道大家沒有聽過他的偉論，歷史終結論嗎？
歷史老早在 1806 年，當拿破崙在 Jena 一戰大敗
普魯士封建部隊後，就終結了，歷史終結之
時，時間就停止了，過去的時間本來就是永恆
的，時間停止了，將來不再發生，於是當下與
過去一樣變成了永恆，　當下與過去等同，　古
人和今人在一起，　就再正常不過了。眾人心裡
想這老頭不知是否有老年癡呆症，大家敬老，
也就沉默不語了。

　　東方向前向黑格爾教授行深鞠躬禮，表
達了深刻的敬意，　說道黑格爾教授，您或許沒
想過，歷史的終結也可能是虛無病毒異變的一
種，歷史都終結了，人還有什麼奔頭呢？您或
許還不知道另外一個事實，其實歷史並沒有終
結，當年您用的環形思辯 (circular
knowledge)，　嚴密無縫，後學仔細的研究過，
發現自一個起點，就是您用的奴隸和奴隸主之

間的鬥爭為起點，必然會導致您的結論：即歷史是自由的不斷擴大化，和歷史必然以奴隸得到完全的自由為終結點，弟子非常欽佩，這的確是完整無缺的智慧，可是您有沒有想過，要是您的起點不是這個，您的環形思辯必然會把您引到何方呢？還會一定是歷史的終結嗎？黑教授臉上出現了疑惑，問道，那東方先生請您舉個實例，是如何的起點，我們來走一走我的環形思辯，看看結果會是什麼。

東方說，那就恕我今天大不敬了，黑教授聽說過孟子的君臣，父子，夫婦，兄弟，朋友五倫一說嗎，黑教授搖搖頭說沒聽說過，東方說，那麼我們今天就把五倫代入您的環形學說裡，替代了奴隸和奴隸主這一關係，黑教授請您計算一下，結論會是什麼。此時黑教授開始進入長考，海教授和小翟也進入了長考，人們屏住了氣息，全場鴉雀無聲。

　　良久，黑教授口中吐出一聲長歎，喃喃自語道，難怪人們叫我是德國東方主義（orientalism）的鼻祖啊，這孟什麼子的，我還真沒聽說過，看來我們得看看虛無這個在西方已是束手無策的絕症，能否從東方那裡給咱們開出幾副草藥良方，妙手回春也未可知。來來來，今天我家有上好的啤酒和豬肘子，年輕人，來我家，大家喝酒長談，我還想聽聽您對時間的看法呢。東方認真的回答說，的確，我對你們對時間的看法有不同的看法。那我今天就欣然從命，到府上一嘗著名的德國啤酒和豬肘子了。

　　黑格爾，海德格，小翟和東方四人離開了廣場，漸行漸遠，眾人得出一個朦朧的印象，好像是虛無這個病不這麼絕了，可能四人明天會給大家帶來新發現，甚至好消息，大家也累了，眾人散。

新狂人日記後的酒宴 (Symposium)

話說狂人尼采道出西方得了虛無絕症 (nihilism)之後，人們連續兩天在街頭聚議，第二天的街頭議論，以東方達三的發言最為令大家吃驚，但是他的理論也給了大家一點希望，最後以黑格爾邀請東方達三、海德格和小翟三人回家喝啤酒吃豬肘子，四人離去后，群眾才散。

不久四人來到一處幽靜別致的住宅區，黑格爾的家在住宅區的盡頭，前有林蔭，後有樹林小溪，房子和院子寬倘優雅，進到屋子裡，有僕人迎賓，東方心裡想起麥克思·偉伯當年在美國驚歎美國教授待遇之平民化，與普魯士帝國教育部給教授們的待遇真是有天壤之別，或許，東方心裡想，這是為什麼德國出產那麼多大哲學家，文字艱澀，思想如迷宮，有皇家薪水，教授們可以自成體系，自說自話，不受市場制約嘛。

　　進了屋子，大家開始喝酒聊天，黑教授打了幾個電話，邀請了更多的朋友來參加聚會，陸陸續續來了更多的人，看來都是附近大學裡的教授和學生，場面越發熱鬧，酒過幾巡後，小翟興致高昂，走到大鋼琴前坐下，開始彈出幾首當地大家都熟悉的校園歌曲，人們圍攏在鋼琴四周跟著鋼琴曲子打拍子，大家一起唱了起來，東方雖然不懂德文，但是知道這些歌曲的英文名字：我的心在海德堡；飲酒歌；我心深處等等，於是也加入人群，跟著哼哼。

　　晚宴上主菜就是德國著名的豬肘子，大家一邊吃一邊喝酒，吃得個個面紅耳赤，興高采烈，高談闊論，賓主盡歡。

晚飯後黑格爾把大家帶到大客廳裡，安排大家圍著壁爐或躺或坐，說今天晚上大家按照古希臘酒宴 (symposium) 的辦法，大家盡飲和輪流暢所發言，不到天亮不為止，只是與古希臘的酒宴不同，今晚我們不設立主題，我尤其想聽聽東方先生對時間的看法，甚至對東西方思想異同的看法。

於是在第一巡酒過後，東方發言了，東方說，首先我的學力還不到能夠評比東西方思想的地步，我只能先說一點自己的觀察和體會，在時間問題上我覺得你們太折騰時間了，比如你們說的過去是永恆，歷史要是終結了，未來不再發生，現在也成了永恆，這樣時間變得太神奇和太有彈性了，我問大家一個問題，宇宙之間有時間這樣的一件東西嗎？不管是物理的或什麼的，大家不明東方的意向，面面相覷，東方說：宇宙之間並沒有時間這樣的東西，時間說到底是一個比較，我們中國人說多少時間啊，一頓飯的時間，當然這個不準確，但是基本的意思是比較兩個事件過程的長短，比一頓飯更為準確的是，地球自轉一次我們叫一天，地球繞日一周我們叫一年，當然更準確的現代辦法還有，我們不應把時間看為客觀存在，時間只是度量衡之一，是人為的設定，既然是人為的設定，那就不要變來變去，這樣你們西方的思想也許更為穩定，更為不瘋狂，此時一個年輕人站起來說，尊敬的東方先生，您難道不知道自從相對論出現後，時間想要作為度量衡之一也不可能了，東方說，誠然，物體在相對運動之時，按照現代物理的觀念，第一不能說誰在動，誰不在動，第二在速度接近光速時，過程長短的觀察 (時間是過程長短的對比) 會縮短，造成愛恩思坦說的時間的尺度有所變化，但是要是對比的物件不是外向的，會是如何？年輕人不明其意，說這是什麼意思？東方說我不是學物理學的，我只能學蘇格拉底，不斷的提出問題，我請大家思考這個問題，要是一個人騎著一把尺，在太空中，以接近光速的速度飛行，迎面而來的是另一個人，也是騎著一把尺在飛行，那麼他們互相測量對方的尺的長短，會像愛恩思坦說的，對方的尺變得短了，於是時間也變短了，我的問題是要是這個人不去外向觀測對方的尺，而是用自己隨身帶著的原子鐘 (cesium clock)，只用 cesium 原子震盪的頻率為時間對比的基準，會是如何？年輕人繼續抗議說，這沒有解決太空中二人對飛時各自的時間尺度不同的問題，東方笑了，要是二人都各自帶一個原子鐘，在擦肩而過的剎那，各自通報一下各自 cesium 原子的頻率，那麼這些頻率的數碼表達會受飛行速度的影響嗎？大家都沉默了，此時大家注意到黑格爾早已沉沉入睡，僕人把他推進臥室去，大家起來送走黑格爾後，開始下一輪的酒和辯論。

　　此時一個中年人開口說我叫沃格林 (Eric Voegelin)，我請東方談談中國近代思想的流變，東方說不敢，只能大概的說過去六十年在中國當道的思想是馬克思思想，不過近些年有點回歸傳統儒家的勢頭，不知是真是假，同時當下你們西方以 Leo Strauss 為首的新保守主義在中國大受歡迎，大概是跟今天新權威主義合拍的原因吧。

　　沃格林聽罷，搖頭太息，仰天長歎，說悲痛啊，你們也得了西方的絕症，東方一臉疑惑，問道，這話怎說？沃格林說首先你得明白西方得虛無絕症之前，是先經歷了一段瘋狂的歷史，不但是武力上征伐全球，更重要的是思想上出現了大大小小的意識形態 (ideology)，東方問：意識形態又怎麼了，沃格林說意識形態就是人類極度狂妄的表現，不管是左派的意識形態還是右派的意識形態，不瞞你說，左右都是黑格爾的徒子徒孫，對，黑格爾是西方思想走向狂妄的祖師爺，他開了建立宏大思想體系的先河，用他絕世的才華，有意的曲解了希臘哲人柏拉圖和阿裡斯多德對天理 (the divine ground；nous) 的崇高追求，把他們追求天理理論 (對天理的 theorizing)，變成自己的人世間歷史論的創建，把自己放在造世主的地位 (the creator)，宣稱他的知識是絕對的知識，宣稱歷史終結了，宣稱自己是拿破崙的真意識，也就是說連拿破崙都不知道自己歷史的作用，他卻是拿破崙的靈魂了，可謂狂妄到了極點，於是人們打著各式各樣的意識形態的旗幟，替天行道起來，為了人為的真理，不惜戰爭和革命，殺人如麻，有帝國主義式的，有法西斯式的，有列寧式的，還有市場是真理式的。

此時海德格按捺不住了，間沃格林道，那麼你不認為西方的虛無絕症是起源于柏拉圖和蘇格拉底的 theorizing 了？沃格林說東方說得對，人對自然的外在觀察是必然，不是虛無絕症的起源，　虛無絕症的真正起源，是人放棄了對靈魂深處自有天理的覺醒和追求，　你，海德格先生，　不就是畢一生的精力，呼喊人要從新認識存在 (being) 和永在 (Being)的區別，要人從新認識和回歸永在 (Being) 嗎？您的巨著 *Being and Time* 就指出了問題的癥結，海德格點頭無語。

沃格林繼續說，今天我們的重任是從新考察西方是如何的走入歧途，　從新思考人的存在是在人世間和聖潔之間游走，　向上追求的是人的靈魂不斷地向天理趨近，　達至靈魂內在的和諧和秩序，　而同時深刻的反省西方從對天理的 **theorizing** 的曲解，到自建宏大理論系統，到意識形態橫行，　到文明的自我摧毀 **(WWI，WWII，　Cold War)**,再到文明之間的戰爭，　在沒有了方向後的絕望，才是虛無絕症的正解啊，　東方您回去後，　仔細想想，你們不要盲目崇拜西方，重走一遍西方錯誤的路子啊，切記切記。

東方不無感傷的說，可能為時已晚，今晚聽君一席言，如夢初醒，原來我們感染了你們的病毒，而且是徹底的感染了，今天我們不光是馬列的政治體系，改革開放後還得了全民拜金主義，什麼靈魂，什麼天理，人們都聽不進去，看來中國也已虛無，人只能重新動物化 **(re-animalized)** 了，哎！

沃格林再問：東方，難道你們傳統裡就沒有對天理的追求？東方思考良久，說有，您的思路有點像佛教說的人人都有佛性，問題是如何覺醒，也有點像孟子的浩然之氣，更有點像宋明理學的存天理，宋明理學裡其實是滲入了佛教的思維，但是我們的宋明理學也是很有爭議的。

　　沃格林說這不是問題，　問題是要從新思
考人在人世間和聖潔之間如何自處，從新梳理
你們自己的傳統是第一步，　我只是希望你們不
要重蹈西方錯誤的悲劇。東方說，那麼您得先
收我為您的弟子，等我理解您的全面思路，我
才能全面思考這些問題。

　　此時大多數人都在客廳裡喝得差不多
了，開始倒臥入睡，沃格林說，這個不是問
題，時間也差不多快天亮了，　大家合一下眼，
明天再談吧，於是酒宴結束，　眾人進入夢鄉。

駱駝獅子聖嬰

超越西方虛無現象的三部曲

2010 08 26

　　十九世紀末，西方對自己思想傳統反思的后果，嚴重地挑戰了西方思想兩大支柱，即形而上哲學（metaphysics）和基督教神學，兩大支柱不說轟然倒塌的話，也可以說是落得個體無完膚，問題的根源在於，自古以來形而上哲學和宗教都憧憬遠離人世間的虛空，因而邏輯上必然貶損人和人的世界，這又引起人對世界的不滿和怨恨，即尼采說的西方文化裡貫穿古今的 resentment，尼采認為基督教以奴隸的心態來蔑視現象界，和哲學以弱者的心態叫現象界為表象的東西（apparent world)，兩者都不能勇敢地面對現實，造成對現實生活虛無的態度，此之謂歷史性虛無主義（historical nihilism），又名隱性虛無主義。

早在 16 世紀, 由於哥白尼發現了日心學說, 因而推翻了神學所支持的地心學說, 哥白尼所引起的思想革命不但質疑了神學也質疑了形而上哲學, 到了笛卡爾, 他提出懷疑一切的思路, 笛卡爾唯一不能懷疑的是正在思考的自己的存在, 到了十八世紀科學方法開始大行其道之後, 西方懷疑傳統哲學和神學蔚然成風, 終於在十九世紀末, 現代虛無論述（modern nihilism）正式登場, 它認爲形而上哲學要探究的真相爲不可能之事, 宗教乃虛構之說, 神話也, 對神話去魅后出現的是, 社會走向頹廢和虛無, 整個西方文明感到絕望, 此即爲現代虛無現象, 現代虛無主義論的領軍人物 爲齊克果（Kierkegaard）和尼采, 對現代虛無主義論述最爲深刻的是尼采和維根斯坦二人, 尼采亡於 1900 年, 維根斯坦亡於 1951 年。

　　尼采對神學的批判非常戲劇化，在一篇名為狂人日記的文字裡，他宣判上帝已死，在他認真反省宗教，道德，和價值後，他宣稱他發現了一個醜惡的真相，即世上並無真理，西方兩千多年的思想傳統，包括神學和形而上哲學的追求，在上帝已死的口號下，奄奄一息。那麼這個結果有什麼重大的意義呢？後果是西方失去了思想的重心，正如狂人日記裡說的，世界是向上還是向下漂流，我們不知道啊，惶恐的情緒開始蔓延，真理，價值，信仰都遭到質疑，人生到底有什麼意義成為一個大問題，尼采最後預測二十世紀的西方文明要不是瘋狂自殺式的戰爭就是令人不能忍受的平庸，結果卻不是二者擇一，他預測的兩個可能性都猜准了，只不過是一先一後，西方文明先是經歷了兩次自相殘殺的世界大戰，然後是迎來了無遠弗屆的消費社會的平庸。

　　那麼尼采除了預測驚人的準確外，他的對策是什麼？他主張拋棄形而上追求的真理，拋棄天國的幻想，回歸人世間，不要真理（truth），但要真誠（truthfulness），過去的神話（myth）：天國和真理，只有貶損人和人世間的效果，他要毀掉這些舊神話，為人類創造新的神話，新的神話是什麼呢？尼采的答案是：權力意志（will to power），永恆創造的機會 (eternal recurrence), 超人（overman），創造就是價值等等。

　　尼采還提出了如何實施這個宏偉圖像的路線，曰：駱駝，獅子，和聖嬰，首先要有駱駝負重的精神，馱負著形而上哲學和神學的千斤重擔，但是駱駝在梳理了這些千斤重擔之後，要把自己轉換成為一頭獅子，獅子要無情的撕咬一切舊道德，舊價值，舊神話，然後獅子要搖身一變成為聖嬰（God-child），聖嬰以無比旺盛的精神，不斷的遊戲和創新，在不斷循環的時空裡無有休止地創新和遊戲，而從駱駝到獅子到聖嬰的過程正是超人要經歷的成長。

　　但是尼采作為虛無論述的旗手，自身卻逃不出形而上思維的魔掌，他深受笛卡爾懷疑一切的影響，骨子裡暗含了意識，物我分離等形而上思維的束縛，也就是說想當超人的尼采，只完成了駱駝到獅子的一步，但是他連獅子這一步也沒有徹底成功，他作為獅子是撕咬了傳統，但是他的背還是個駱駝背，上面還馱著一些形而上，甚至宗教的包袱，這也是可以理解的，到底是兩千多年西方文化的精神支柱，不是說要拋棄就能拋棄的，都是靈魂深處的東西，要拋棄與生俱來的習慣，談何容易，海德格稱尼采為形而上哲學的最後一人，可見世人已知道他自己沒能逃脫，但是他卻為後人指出了拋棄形而上哲學的方向。

　　那麼誰完成了駱駝到獅子的轉換呢？這個人就是維根斯坦，維根斯坦是羅素的學生，同羅素和懷德海是一路的語言邏輯哲學家，羅素很早就看出維根斯坦是比他自己更高超的天才，維根斯坦的哲學思想，分前期和後期，在前期他用了六年時間思考語言邏輯的形而上結構，得出的結論是，除了事實之外，所有形而上和宗教上的問題，即道德，價值，存在（being; what is）都不是語言能夠勝任的事，凡是透過語言不能說清楚的事物，既然不可知，唯一嚴謹的態度，就是不再言說，他的巨著：*Tractatus Logico-Philosophicus,* 據他自己說，此書只說了他能說的一部分，而他不能說的部分卻是更重要的部分，即有關價值，道德，和神秘的部分，但是一用語言來說就會掉入語言無底的漩渦裡，他要遵從自己的守則，即不可言說之事，就要保持沉默。

　　書寫完後，維根斯坦認為他一舉解決了所有的哲學問題，表示要離開劍橋，校方派他的好友經濟學大師凱恩斯來問他，可否挽回，維根斯坦表白說，他不是不可以留下來，只是他已筋疲力盡，再也擦不出哲思的火花，於是他回到維也納，先把父親留給他的遺產全部分給了兄妹，然後以教小學，當建築師和當園藝匠為生，這一去就是九年，他這個疲勞可想而知。

　　九年之後他再回到劍橋，回來的目的竟是要完全打倒自己九年前出盡吃奶之力建構的語言邏輯形而上架構，這樣的自我批判勇氣，真是叫人驚嘆。

　　這一次他完全拋棄形而上的論述，提出語言除了必須要符合邏輯上的情理 (sense) 之外，語言是約定俗成的（convention），語言是無根的（groundless），語言的結構甚至是說不出什麼理由的（reason never started），語言還是人與人溝通時的一種策略和計謀（language game），人們因環境，身份和語境的不同，可以談論任何事物，包括價值的，倫理的，宗教的，神秘經驗的，但這不是回歸形而上哲學，這些話題都是語言計謀裡的目的，但是雖然可以用語言來談論這些話題，這些談論並不能構成為知識，我們對知識的注重毋寧是一種形而上的偏頗，因為知識不是一切，行動和創造更重於知識，用語言來說倫理，價值，宗教，神秘經驗，由於是有語言策略的目的，這一次就不會再掉到形而上和語言之間形成的無底漩渦，此時語言不是要達致知識，但是語言可以起到知識以外的功能，即激發，抒情，比喻，和詩意等等的功能。

維根斯坦不但完成了獅子的轉換，徹底撕咬了傳統哲學，自己也擺脫了形而上哲學的習慣，更為令人拍案的是他還能撕咬自己的過去，他真是一頭兇猛的雄獅。

　　那麼獅子有了，聖嬰有沒有著落呢？當然了尼采在他的名著 *Thus Spoke Zarathustra* 裡把主人公朔造成這麼一個典型，那麼在現實生活中有沒有聖嬰呢？西方人想了半天，說有，就是中國的莊子，其實西方在十九世紀就有許多人研究東方哲學，包括婆羅門和佛家的思想，此中以叔本華深受佛家思想的影響比較為人所知，但在針對現代虛無現象，尼采和維根斯坦提出的許多想法，都可朔源到道家，佛家和印度教的經書，比如尼采的永恆的重複（eternal recurrence）可以追朔到輪回，尼采認為他的先行者是婆羅門，維根斯坦的 eternal present 和 extentionless logical self 可以與佛家的活在當下和無我相通，當西方傳統哲學，即形而上哲學走到了最後幾人時，他們需要跳出自己的傳統從東方尋找養分也是可以理解的，尤其是因為東方沒有這樣的形而上傳統和困擾，因而東方是一個示範，即沒有強大宗教和形而上哲學的文明也是可能的，人倫是東方哲思的大部份，符合尼采和維根斯坦呼籲的回歸現象界，回歸日常用語，活在當下，減弱自我中心，和物我分離等等論說，從叔本華，尼采，海德格和維根斯坦對東方哲思的興趣來看，西方從東方吸取養份早已開始。從美國學者 **David Hall** 提出中國先秦儒家和道家的語言是後現代的這個說法來看，他們可能有這樣的思路，即所謂前現代的東方文明其實有後現代的成份，可以拿來借鏡和參考，同理，要是西方的啟蒙運動是對宗教的反抗，那麼中國其實是一個不需啟蒙卻又等同啟蒙了的例子。

後來我有機會與搞西方哲學的朋友一敘，我提起虛無主義這個話題，並提出一個疑問，即現代虛無主義所說的嚴重性是否只是思想家們過分的憂慮，而西方一般的老百姓和各行各業卻活得好好的，哲學家毫不猶疑的告訴我，西方的現代虛無之疾，是全文明的，從根裡爛掉了，他的原話是：rotting in the core，他說現在年輕人愛看的都是清一色的 fantacy 作品，不信的話，他建議我去看電影：盜夢空間，我尊命去看了，看後不但意識到朋友說的無所不在的 fantacy 作品，還在盜夢空間的對話裡，聽到了明顯的虛無主義對話。

中國的精英們可能要注意了，唯西方邏輯至上論者尤其要注意，西方正在迎著東方而來，哲學要脫離形而上回歸人倫，而人倫正是東方關懷的重心，搞不好以後我們要理解東方還得要靠閱讀西方的著作，說不定現在已是這樣的情況了。

反過來，我們能否從西方要走出虛無困局的思路來反觀中國的傳統，比如儒家的修身齊家治國平天下，先天下之憂而憂，以天下為己任，和士不可不弘毅等思路，如何不是更爲正面的尼采權力意志？而東方的歷史循環觀造成的以史爲鑒的傳統，是否可以與尼采的永恆創造觀對接，甚至儒家的君子觀可與尼采的超人相對應等等問題，都是我們可以深入探討的。

以上觀點并不是要爲東方文明沾沾自喜，而是要指出東西方文明相互交流，不斷對照和反思的巨大潛力。

古代西方帝國之興起和
宗教變遷之間的關係

2010 09 08

　　古代的歐洲，地中海沿岸，兩河流域，近東一帶，各地都有各地的神，一地有多神也是常態，其時並無宗教（religion）一詞。

　　隨著人類征戰的規模越來越大，後來就有了帝國級的征戰，波斯帝國和希臘帝國的興起都帶來了信仰覆滅的問題，即被征服了的民族的原來信仰能否繼續香火馬上成為一個大問題，首先，這個民族原來敬拜的一神或眾神，顯然不靈，其次，是否要開始接受勝利民族的眾神，而帝國的統治者也馬上會意識到需要有帝國一統的信仰需要，據說阿曆山大大帝一路東征之時就意識到這個問題的迫性。

　　對於帝國興起帶來的信仰危機，可以說反應各式各樣，但是總的來說有兩個最終成功的走向，一個是從帝國的穩定來看信仰問題，一個是從被征服了的民族來看信仰問題。

　　先說第一個走向，即從帝國穩定的需要來看信仰問題：信仰和敬畏神是一個社會裡人們講究信用，忠誠，和遵守律令的教化基礎，因而帝國的穩定和有效運行需要有一普遍被信仰的神靈，西塞羅（Cicero）因而發明了宗教 (religion)一詞，把信仰固定成為信條（doctrine），西塞羅的宗教觀對羅馬和後世西方的自然法，憲法，宗教哲學觀，宗教歷史觀等範疇影響深遠。

　　第二個走向是從被征服了的民族來看信仰問題：即如何對待自己以前的神明和面對帝國勝利者神明的問題，可以想見歷史長河裡被征服的民族成百上千，被征服後，他們以前的神明，後人除了在歷史記載中可以讀到外，就大都香火不繼了，此中唯一的例外就是猶太教，猶太教不但香火繼續，其派生的基督教甚至能夠反敗為勝，成為征服者羅馬人的國教，反過來徹底覆滅了原來羅馬人的眾神。

這是如何達成的呢，這裡面的高明就在於看到了各民族的原來信仰都是有地域性的，即使是自稱是宇宙之神，也是宇宙之內的神，猶太教原來的神的位階，即與摩西相見的耶威，由於其相當明顯的偏袒性，也只能相當於宇宙內管理者的地位，近似柏拉圖哲學學派裡的 demiurge，但是在猶太人經歷了埃及和巴比倫的奴役和影響後，慢慢地他們把自己原來對神明的概念，採取了其他信仰的成份，成功地轉換成為更高階的神，高階在那裡呢？一曰其神在宇宙之外 (beyond)，二曰其神從虛空裡創造了宇宙 (at the beginning, ex nihilo)，三曰其神的話語（Word）就創造了萬物和一

切，即神和他的話語都是靈動

（pneumatic），沒有物體的成份，因而有金

剛不壞之身,這個轉換之高明就在於所有其他

民族的神明都難以超越這樣的論述，而這樣無

可超越的神明卻單單挑選了摩西和猶太人作為

他的子民，因而有了這樣的宣稱："猶太人必

將成為眾民族之光，萬國之王，將以耶路撒冷

為世界的中心，最終把萬民轉化為以色列"，

於是作為征服者帝國的原來信仰，變成可以被

鄙視的地方神明，假神明，要說阿 Q 的精神

勝利法，可以說沒有比這個更偉大的阿 Q 發

明了。

　　據考據聖經的前五卷，即包括創世紀的

摩西五經 (在猶太教裡叫 Torah)，是一個集體

智慧的創作，也就是猶太人從巴比倫被釋放後

回到耶路撒冷後的創作,集體創作始於西元前

六世紀初，成書於西元前四世紀中葉，就在

這兩百多年內猶太人用集體的智慧，採納了埃

及，巴比倫，迦南一帶的信仰成份完成了他們對神的偉大轉型。

這個發明的偉大性還在於，從此西方對宗教的最高看法是神明必須是要超越宇宙的，神明必須是創造宇宙的，非此不行，也就是說被征服者猶太人的創造，反敗為勝，成為支配西方宗教和世間權力的指導思想，雖然猶太人在現實中是個流離失所的民族。

這個宗教發明還把希臘哲學思想壓了一頭，因為希臘哲學只能說人的思想和理性（nous）可以用來判斷神靈的顯靈是否可以"算為"真確的原理（alethinos logos），但是希臘哲人比較老實，承認理性有限，神靈的顯現也不常有，猶太人的論述就大為不同，整個聖經裡說的不是人的理性和人的哲學，說的全是上帝和人直接溝通的經驗，最後還要把上帝

的兒子送死來拯救人類，　於是經驗論述大勝哲
學論述，　成為西方的主導思想。

　　猶太人的信仰轉換，　其成功之處，　並
不在於他們自己原創了那些基本概念，　即超越
（beyond），創世（beginning）和靈動
（pneumatic），　其成功之處在於集合了其他
信仰的高超成份，成為一個完整的論述，　由於
是一個集成，　其中不免有漏洞之處，這些漏
洞，　由於兩百多年成書過程裏反復論證的成
功，不易察覺，　但是基督教裏從古到今一直存
在著一個異端的支流，極為頑強地質疑著聖經
裏的一些漏洞，　甚至質疑上帝的責任，　這個
異端支流名叫靈知派（gnosticism），他們指出
聖經裏有耶穌要求上帝恢復他在創造宇宙之前
他原來享受的榮譽，他們暗示創造宇宙是神靈
墮落了，　是思凡和下凡的結果，人人身內的靈
因而被牢籠在宇宙裡，　靈知派因而追求的是擺
脫肉身，　要回歸創世前，　回歸於還沒有墮落之

前的靈動，這裡面包含了問責上帝之意，他們最強的責問是，既然基督教說宇宙終將敗壞，一切終將回歸上帝，那麼宇宙的創造的意義何在？宇宙的創造是否一個過失？教會把他們無情地打成異端，教會只要人能體會上帝和人互動的經驗，不許追問創世之前的事，有為上帝諱的意思，聖經裡這樣的問題以約伯記最為明顯，在約伯記裡上帝受了魔鬼的慫恿，用極為殘酷的手段來折磨約伯，用以試探他的忠誠，約伯在不斷的抗議和懇求中，不斷高喊忠於上帝，這有點像人們在臨刑前高喊忠於國家的味道，都是人在面對無法抗拒的極大權威前的表現，無論多麼大的打擊和委屈，甚至臨刑前，都還要高喊忠誠。問題卻是在上帝和魔鬼之間的關係，和上帝的行為和責任因約伯記而曝露。

用西方帝國變遷和宗教之間的激烈互動為參照，我們來看看秦統一六國後有沒有同樣的現象，照道理秦統一六國之後，必然有被征服者信仰危機的問題，其實問題應該發生的更早，即殷之亡于周和周亡之前的禮崩樂壞，都應該有這個問題，諸子百家的興起可以看成為，在禮崩樂壞的危機中，思想界相應的興起，就像古希臘在雅典帝國崩潰的危機中，興起了各式各樣的哲學流派一樣，那麼為什麼中國在秦滅六國之後沒有發生像西塞羅這樣的看法，即需要帝國一統的宗教，和像猶太人發明超越性的一神教呢？秦在帝國統一上的用心沒有少費過勁，書同文，車同軌都是這樣的思考，可是秦沒有設計過統一的帝國宗教，以後的朝代也沒有，這是什麼原因呢？為什麼東西方的表現如此的不同呢？一個比較明顯的看法是，西方古代帝國征服的是多個不同的文明，因而統一的過程造成極大的震盪，包括文化和信仰上的震盪，而中國古代帝國的建立，由於地理上的孤立和封閉，被統一的諸國之間並沒有在文化上有巨大的差別。

　　以下是一個猜測，這裡特別需要懂宗教史的專家來填補漏洞，秦以前，上到殷商時期，中國各地的信仰以祖先崇拜和敬天為主，祖先崇拜有共通性，即敬拜祖先意味著人人敬拜自己的祖先，勝利者，秦，固然敬拜自己的祖先，但是朝廷沒有必要要求全民敬拜秦的祖先，事鬼得要有其主，人人祭自己的祖即可，而敬拜天，也是共通的。於是秦滅六國之後，並沒有西方眾神流離失所的局面，還是像從前一樣，人人祭自己祖先，失敗的民族因而也就沒有壓力要創造一個完全超越宇宙的神來抵抗和壓倒勝利者的神。

　　同時帝國也不需要在祭祖和祭天之外建立什麼新的統一性信仰，儒家起到了西塞羅想要的結果，即帝國裡人們忠誠，誠信等等帝國穩定必須的美德不必由宗教而得。

從西方的眼光來看，中國人的祖先和天都是宇宙的一部分，即不是超越宇宙的宗教，不能與超越宇宙和創造宇宙的耶和華相比。但是中國的祖先崇拜和對天的崇拜，這二者在帝國之前和帝國之後可以有連續性，於是中國就失去了宗教創新的動力，中國人也似乎對這樣的局面並不太在乎。

今天中國人對祖先和對天的敬拜可以說是弱到幾乎不存在了，不知中國人在當下社會變遷極快下，是否還能繼續對宗教保持這樣的淡薄態度，眼下全球化下並沒有那個宗教能有一統天下的趨勢，雖然基督教有極大的影響力，但是中國人好像習慣了對宗教淡薄，或許也不太在乎自己有沒有超越性的宗教，今天國內地下基督教教會的興起是否外來宗教大幅度地填補宗教方面的空虛，儒佛道等如何因應等都是疑問，這方面極須對宗教有專門研究者的論述了。

東西方在國際關係觀上的差異

2010 12 06

　　近讀 Jeremy Paltiel 教授的一篇文章，論述古代中國人的國際關係觀，其論述起點始於戰國時期，並以孟子的論述爲主，此文也觀察今天中國在國際關係觀上與西方不同之處，對中國人自古的思想和行爲有深刻的描述，觸及東西方思想上基本的不同處，讀後很受啟發，以下是 Jeremy Paltiel 教授原文的節譯：

Jeremy Paltiel

Mencius and World Order Theories

孟子與世界秩序論

The Chinese Journal of International Politics

Vol 3, No.1(2010) pp. 37-54.

Oxford Journal，Oxford University Press

　　國際關係理論界對中國先秦的東周時期
甚感興趣，視之為觀察古代國際關係的豐富寶
藏，並認為韓非子，墨子，和孟子的著作與西
方正典的 Thucydides 的著作有同等的價值。

　　孟子對先秦霸主的批判，是要建立一套
規範理論 （Normative theory），用以取代根據
軍事力量的現實政治理論 (realism)， 孟子的秩
序觀是等級的秩序觀， 其中包含了實際的和規
範的（normative）成份。

　　孟子思想裡有些成分與今天的霸權穩定
理論（hegemonic stability theory）,和軟實力
論（soft power）有相似之處， 尤其是儒家的
大國對小國在財物上的仁政， 和孟子強調的非
強制的自願加盟于王道之下。

　　有學者認為今天亞洲諸國， 沒有聯合起
來對中國採取平衡策略（balancing

behaviour）是亞洲諸國深明儒家思想的表現，即儒家對等級，秩序和利益關係等思想，另有學者認為亞洲諸國對中國沒有採取平衡政策，是因為中國表現了俾斯麥式的對小國保障的態度。

東西方在秩序觀上有根本的不同，西方，尤其是它的猶太教和基督教傳統，認為人世間的秩序來自外在的神聖立法者，有強制性，而儒家的孔孟認為秩序是天道，存于人心，秩序由自心向外延伸，而不應來自外來的強制。

孟子的學說因而與現代的 realism 完全沒有交集，古代中國與現代 realism 有交集的，起碼在形式上近似的，有荀子和韓非的學說。

　　孟子對春秋戰國霸道的反對，　來源於儒家的秩序觀，必須發自內心，　而不應來自外力的規範理想（normative ideal）。此即德與勢的分別，　對儒家來說德為主，　勢為次，　儒家不是不承認勢的存在，　而是反對以勢作為建立秩序的主要考量。儒家認為要說服別人參與建立秩序，原則有二：一是先要展示能自我約束，　二是能照顧別人，　即秩序的建立是建基於自律和互信。

　　孟子的學說認爲，　要是把 秩序建立在人的自利原則上，那麼秩序的建立就不可能，因此必須誘導人的自利走向穩定的互信的秩序架構方向，　穩定的秩序必須考量他利，　因而秩序是一種公共財，　而不是私財，　適宜的行為邏輯是禮的理想，　人的私心和競爭必然導致惡性循環，　為了長久的自利，　人要進入良性的循環，　即今天人們說的雙贏局面，孟子的學說因而認爲一旦雙贏的局面能夠呈現：宜，即義，就會促成了利。

　　孟子學說裡有清楚的論述，說一個健康的國與國環境，會有利於貿易，同時反對對貨物本身徵稅，贊成只收市場攤位的租賃費，認為低稅的開放市場有利於國與國之間建立互信，有利於不同大小國家之間建立共同的秩序。

　　孟子學說的重義不重勢，使得他的學說與今天的國際關係理論有巨大的距離，儒家的學說講究仁心，自律，和建立可行的國與國關係，而無視現實國際關係中的無政府狀態。

　　孟子的學說在實際層面上，認識到秩序的建立，必須要先照顧到每個成員起碼生存條件的保障，但同時強調自立，還認為秩序的建立，要依靠大國能夠以大事小，和小國能夠

以小事大，互相尊敬，和諧相處，小國依靠
大國不任意使用強勢，大國對小國的行為，
使得其他大國得到保證秩序正在良好地運行。

　　孟子並不反對利，而反對逐利成為行為
的守則，在秩序的考量上，孟子考慮成員的
各自基本需求要得到滿足，與現代國際秩序觀
考量力對力的均衡有大不同。用現代理論的語
言來看（rational choice and game theory），
孟子學說是要考慮到整體的利益，是要走出囚
徒困竟和零和局面，因為用勢來看問題不能建
立共贏的秩序，用勢來看問題是一種道德上的
缺乏承擔。在國際關係上，關係的建立以先求
諸己為首要，用自律的行為引起相應的國與國
的行為。禮的邏輯是宜，勢的邏輯是做最壞的
打算。

　　禮有修身，改變人的立場，和能自律的
功能，禮能從人心之內發出建立外在秩序的能

量，而西方的傳統是要建立一個從外加諸於人的架構和法理，從而改變人的行為。

現代國際理論應該同時採納勢與義的考量才算完整，孟子思想用在今天的國際理論裡，就是要強調國與國之間優質關係的建立和穩定，使得整個國際成為一體，與之相反的是國際間建立有排外性的自保團體，比如軍事同盟，北約等組織，這個儒家的傾向，可以用來解釋中國在國際上強調多元體制的原因（**multipolarity over bipolarity**）。

今天中國既反對霸權，但同時也接受國際間勢力不均衡的現實，因而今天中國的外交有現實主義（**realism**）的成分，也有傳統儒家強調優質關係的成份。中國人的天地人宇宙觀，使得中國人難以接受外來強加，甚至來自超然（**transcendental**）的秩序，中國人不習慣西方式的秩序思維，即秩序是建立在規範，價值和守則之上的，中國人認為秩序必須建立在堅實的人際關係之中，國際行為必須是既實際的也同時是對關係有規範性的。因而有人提出，中國必須直面西方以勢為主導的國際關係思維，今後中國的大國策必須能夠調和勢和義的平衡。

中國已經有這樣的表現，在與實際利益攸關的事物，中國積極參與 WTO，IMF 等多邊條約的運行，以堅守自己的利益，但是同時中國在大方向和大原則上不願輕易掉入西方的硬守則體制裡，這對中國人來說有霸道的味道，由其是當西方之首的美國要求各國要有透明的行為，而美國自己卻堅持作為世界第一強國必須能夠自外在這些守則之上，即世界第一強國不能受制於這些規範，這就很難讓人折服了。

　　東西方在國際秩序觀上的不協調，必須小心疏導，美國和中國都在向對方的思路趨近，其實中國不是一個有強理論的國家，它並沒有自己的國際模式要強加於世界，中國只想在國際上有相應的地位和與各國有優質關係，中國會繼續反對國際上的霸權，並認爲以力服人是霸道，以德服人才是王道，同時中國要學好如何在多邊體系裡爭取自己的地位和利益。多邊體系對中國來說是關係網的起點，而不是像北約那樣有排外性的勢的組織。

英語世界的
正義觀，自由觀，及其危機
2011 01 17

美國哲學家，哈佛大學政治系教授，約翰.羅爾斯 (John Rawls, 1921-2002) 於 1971 年完成了他的巨著：*正義的理論*（*The Theory of Justice*），此書奠定了他成為美國分析哲學界對美國自由制度和福利制度詮釋的重鎮，他被譽為七十年代重啟政治哲學興旺氣象的著名學者，受到經濟，法律，政治，社會，和神學等界的重視，他的觀點經常被英美兩國的法庭引用，1999 年，克林頓總統頒給他美國人文獎（**National Humanities Medal**），認為他恢復了一代知識界對美國民主的信心。

羅爾斯建立了一套理論，認為自由主義（**liberalism**）的核心是建立在社會契約之上的正義觀，而社會契約意義上的正義保證了人人都應該有的自由和權利，羅爾斯的理論超出了傳統的自由主義範疇，他的理論包含了傳統的自由主義，再加上了基礎物品上的平等（equality in primary goods），這二者的結合剛好是美國民主和福利制度的特徵。

羅爾斯首先引用英語世界自由主義鼻祖洛克（John Lock）的人在自然狀態下的理論（state of nature），來證明每個人享有自由權利之必要性，這個論證主要是用來批判實用主義（utilitarianism），即為了群體的安全和利益，多數可以犧牲少數的實用主義。羅爾斯理論的第一條定律：確定每個人的基本權利均等，不能被多數犧牲或剝奪。

在此自由主義基礎上羅爾斯進一步引進康德的道德觀，認為人想要高人一等，想要多得等等，都是非理性思維，人最大的自由就是為自己建立有普世性的道德觀（universal principle），這樣的道德觀必須包含平等思想，羅爾斯理論的第二條定律：公職和機會必須對所有人提供同等的機會；確定社會福利和 primary goods 如教育，醫療，等等必須向弱勢群體傾斜，

　　羅爾斯的方法是分析哲學的，即避開探討什麼是善（the good），人的自然性（human nature），歷史的因素和方向（historicism）等等古典和歐陸哲學的方法，他用了兩個假設，即原始起點（the original position）和未來的迷霧（the veil of ignorance），即人在不可能知道自己將來命運好壞的情況下，要挑選對自己最有利的社會契約的話，就會選擇人人平等，這樣即使將來自己落難成為社會底層，也會有與別人同等的權利。

　　羅爾斯的理論受到了傳統哲學界無情的批判，批判有來自自由主義的，詬病他引進平等主義，無視托克維爾提出的自由和平等的矛盾，有來自實用主義的，詬病他不理解人參與社會契約真正原因，有來自社會主義的，和女權主義的。

　　這些批判者中，要以保守派 Leo Strauss 的高徒 Allan Bloom 教授的批評最為嚴厲，他認為羅爾斯既不明白霍布斯和洛克二人的契約論是建立在人的怕死性之上的（passion for self preservation under the state of nature），也不明白自盧梭，到康德，黑格爾，馬克思，尼采一系列歐陸哲學的道德觀是建立在本體論（ontology）和歷史觀之上的，並以之取代了神學的道德觀，甚至認為羅爾斯對古典哲學亞里斯多德的快樂觀都沒有搞明白，對他最為無情的評語是，羅爾斯佔據了美國政治學最高中心的哈佛，用這樣沒有學術的理論，誤了一代代的學子，讓下一代連哲學的重要問題是什麼也沒有弄明白，嚴重的誤人子弟云云。

相對比較溫和的評語來自加拿大哲學家**George Grant, Grant** 寫了一本書，名叫：*英語世界的正義觀*（*English Speaking Justice*），此書認為羅爾斯先有要維護美國現有制度之心，才有因維護制度而量身定制的理論，即不是以本體論探討為基礎而建立起來的理論，**Grant** 同時指出，英語世界從來不注重哲學理論和形而上哲學上的爭論，因爲英語世界的自由主義是建立在社會主導階層的喜好之上的，無論是英國的保守黨人（**Tory**）或輝克黨人（**Whig**），前者代表了皇室，貴族和大地主們，後者代表了新興企業界和商業界，這兩方面的力量都堅持要權利最大化，自由最大化，要用社會契約來保證自由和權利的不可侵犯性。而英語世界在過去幾百年來的成功，國內的成功和帝國擴張的成功，英國的擴張，美國的擴張，都證明英語世界自由主義的極大有效性，有沒有理論基礎也就無所謂了。

美國分析哲學界為羅爾斯辯護，說傳統哲學搞本體論都兩千年了，能說明善（the good），人性到底是什麼嗎？還是回歸常識，回歸程序正義才是辦法，至於這樣缺乏理論支撐局面下的老百姓沒有了崇高的理想，那是古代的思維，現代可行的制度只能是調門偏低的消費主義社會和人民了，而且這些都是切實可行的。

Grant 進一步認為，羅爾斯不能解釋人們為何會因怕死而參加契約社會，而又會為契約社會去冒生命的危險，比如為何有人會去當軍人，他的解釋是英語世界的內核還是非常宗教性的，宗教提供了乾巴巴契約不能振奮人心的因素，宗教提供了對不正義，對不平等的正義感因素（the moral sense），提供了人犧牲的精神等等，現代世界裡，科技的發展摧毀了宗教的神話，但是社會深層還是依靠宗教情懷來維持道德觀和崇高觀，光有契約是不足夠的，而英美根深蒂固的宗教為社會保留了這樣的道德和崇高情懷，使得社會的穩定有了依靠。Grant 認為羅爾斯在他的理論中也不能避免地引用了個人（person）的尊嚴的概念，但是既然引用了，羅爾斯就必須有所交代，要提出 person 的本質，尊嚴的本質是什麼，不能回避。

　　Grant 提出英語世界的成功是建立在三大法寶之上的，即重貿易（commerce），重科技發展（technology），和堅守自由主義（liberalism），他提出在科技不斷的前進之下，社會上出現了大企業（corporation），這些大企業並非社會契約的一方，社會契約裡對大企業有利的地方是當然要享受的，社會契約裡不利於大企業的地方，大企業並無遵守社會契約的義務，近年來美國企業界成功地抵制了政府的管控（regulation）可以作為佐證，而同時這些大企業擁有巨大的科技能量和財富，使得國家權力和代議民主經由遊說活動（lobbying）失去了它們大部分的功能，那麼往下英語世界的自由主義還能堅持多久，平均主義還能維持多久就成了疑問。

按照 Grant 的思路可以這樣引申地看，在全球化的環境之下，英語世界成功的三大法寶：即重貿易，重科技發展，和堅守自由主義，會這樣地交互作用：重貿易必然會在全球尋找商機，那裡能賺大錢到那裡去，只要有巨大的勞力差價，英美世界的工作就會不斷的被外包，而科技使得外包的成本非常的低，科技提供了極為廉價的運輸和通訊，而在契約保障下的自由權利，保障大企業的行動自由，不需要多久就會造成發達國家之內的產業空洞化，平等主義和社會福利無法維持，於是原來成功的三大法寶，在全球化之下，反而成為英語世界走弱的因素，英語世界必須要面對一個選擇，即要堅持自由主義就不能維持羅爾斯的平等和福利的理想，要維持國內的平等理想和福利，就必須節制大企業的自由程度，大企業要被納入社會契約之內受到管制（regulation），自由和平等之間即使還沒有到二者擇一的地步，也是到了必須從新思考，從新均衡的地步了。

契約論之下少為人知的
社會紀律和控制技術

2011 04 16

現代社會追求的自由平等和權利，大家都耳熟能詳的知道是建立在社會契約論之上的，其實最早的社會契約論，即十七世紀霍布斯 **(Thomas Hobbes 1588-1679)** 的社會契約論，個人是沒有權利可言的，霍布斯飽受英國內戰（**1642-1648**）之苦，認為人們能夠成為社會之一員，不受叢林法則之下生命時刻受到死亡的威脅，就應該感激不盡，應該把個人的自然權利全部交付給絕對的王權，甚至任何國王的惡行，在社會契約之下，都不能構成不正義，因為為了每個人的安全，大家都同意了君王的絕對權力。

這個情況到了第二部契約論，即西方自由主義鼻祖的洛克（**John Locke 1632-**

1704），得到了改進，洛克既是學者也是當時大財閥之間的一員，他曾經當過北卡羅蘭那州商業和大地主團體的秘書長，深明財產權的重要性，於是他的契約論，有了財產權，限制王權，並把權力集中在國會，洛克深受當時的資產階級擁戴，比起霍布斯的不被資產階級理解和支持，有很大的差別。

到了盧梭（Jean-Jacques Rousseau 1712-1788），他的契約論大大地擴張了洛克的權利範圍，關鍵是盧梭加了兩條，即主權屬於全體人民，全體人民的意志（the general will) 的行使等同人民絕對主權的行使，這兩條使得社會契約論可以不斷增加新的人民權利，可以說盧梭的社會契約論是我們今天看到的自由平等人權社會的真正藍本，自從盧梭之後社會契約論基本定型，到了 1972 年才有美國學者 John Rawls 提出最新的版本，Rawls 引進康德的道德觀，認為社會契約必須加入基礎物品

（primary goods）上公平的內容，於是美國版的社會契約論有了社會福利的內容（John Rawls: *A Theory of Justice*)。

法國社會學者福柯 (Paul Michel Foucault 1926－1984）提出一個看法，他認為從社會契約論來看社會結構，只是看到了結構和問題的一半，沒有說明的一半是社會契約之下的法制架構能否有效運作，我們不能光停留在自由平等和權利等頂層思維層次，必須瞭解這樣的法制要依靠什麼才能有效運行，福柯提出在法制之下，社會需要一整套的紀律（discipline），監督（surveillance)，和管制(control) 才能使得架構上層的自由平等和權利有效，而這一整套的紀律，監督和管制卻是民主社會裡不太為人知曉的不太民主的成份和建構，福柯的特殊貢獻在於他拋棄理論的路子，他的方法是建立在對過去歷史裡，人們熱烈爭論的是什麼問題，當時的實際做法，和後來的改進，他從歷史檔案裡研究出來的結果，往往使得理論顯得那麼線性，簡單和狹隘。

福柯提出西方從 17 到 19 世紀同時在兩個方面並行發展了社會架構，其一是建立在社會契約論之上的自由平等權利的法制架構，而同時社會在這個法制架構之下還發展了一整套的紀律，監督和管制的架構.

福柯回朔到中世紀由於黑死病的施虐，社會必須實行全面管制，管制必須落實到每一個區，每一條街巷，每一個人，政權力的管控達到了空前絕後，黑死病當時成為政權力全面管控的最高境界，但在平時，王權的局限不能顧及到社會的每一個角落，使得這樣高度的管控在非災難時期難以維持。

西方自十七世紀之後，由於科技的發展，農業和工業的發展，使得人口快速增長，人口流入城市，城市的不斷加大，社會上犯罪的性質和速度都起了巨大的變化，同時歐洲的皇室和貴族們和新興資產階級和農民之間的矛盾也到了互相仇視，勢不兩立和要革命的地步。

　　十七到十九世紀之間，歐洲社會面對兩方面的巨大挑戰，其一是在皇權底下，法制無法有效管到社會的每個角落，社會各階層都有大家習以為常的非法活動，皇權管不了，各級法院互相干擾，法官的職位可以向皇家出錢購買，國王的特別赦免往往使得法律失去其嚴肅性，18世紀中，法国學界和議會提出了法制改革，使得法官的權責獨立於皇權，建立明確的法典，對罪行的懲罰從殘酷的對人身的凌虐，如斬首，破腹，肢解，紋面，吊籠子等等，改為等價替代性懲罰，如罰款，勞役，遊街示眾，剝奪名譽等，目的是使得懲罰更為人道，和有限度，雖然懲罰變得輕了，但是法

制的健全和普及到社會的每一個角落，達到了
違法必究，　法制堅定不移的效果，這是如何達
成的呢？這就要依靠警察力量的全面鋪展開
來，能夠監視社會的每一個角落，有密探，
線人，和妓女等網路支援，雖然在上層法制架
構講的是自由平等和權利不可侵犯，　法制的改
進也在這個時候建立了無罪推定原則，　可是在
警察力這個法下之法（infra-law) 的層次，卻是
把可能的嫌疑人當成人民公敵來懷疑，來監
視，來誅心的，　也就是說對可能想要犯罪的人
來說，警察力是不民主的，其實每一個人都
可能被監視。

　　　同時自十七世紀以降，歐洲社會不斷的
加強每個社會成員紀律的提升，歐洲社會考量
到人口大量增加，　大量流入城市，　必需要有
反人民遊牧個性的措施（anti-nomadic
measures)，即根除城市流氓和鄉村流氓，西
方的方法是把中古時代寺院裡的紀律方法，引

進軍營，醫院，港口，工廠。最為重要的是引進小學和中學裡去，不論城市和鄉村，每一個受過小學教育的孩子都建立了時間觀，紀律觀，減少了野性和流氓性，這樣的社會訓練要求的是公民的溫馴（docile）有效率和有工作的技能。

到了十九世紀，法律的懲罰有了更進一步的發展，即等價的替代性懲罰被英美和荷蘭的監獄革新所取代，懲罰的目的不再是要尋求等價替代，而是要治病救人，監獄成了讓犯人獨自反省，改過自新，學習一門謀生技藝的場所，這個時候在監獄的設計上出現了重大突破，即邊沁（Jeremy Bentham 1748-1832)大力主張的環形設計（panopticon),這個設計使得每個囚徒不能與隔壁的囚徒相見，但是每一個囚徒都被環形的中心所監視，而監視者的一舉一動囚徒卻看不見，於是造成了囚徒不知自己是否在監視之下，只能設想自己在時刻監視之下，因而有了必須自律的局面，這個看起來不經眼的建築設計，卻有巨大的心理效果，於是環形監督，也就是對全域的監督，不斷的被推廣，可以用到軍營，學校，工廠，和社會每一個角落，直到全域監督的概念覆蓋到全社會為止，這個小小的發明正是今天社會的全面被攝像頭覆蓋的緣起，和今天人人意識到自己的一舉一動都可以從錄影帶裡調出來被事後追究一番，於是社會的監督轉變為人人自我約束，大大降低了社會監督的成本。

　　福柯的研究想要說明的是在民主法制的上層架構之下，法制的有效運行必須依靠能覆蓋全社會的警察力量和監視，也必須要有社會長期培養人民紀律和素質的整套辦法和設計，缺一不行，但是福柯也說明這些法下之法，必須受到上層法制的約束，必須納入社會契約論的框架底下，不然龐大的，無所不在的，持猜疑態度的警力，能夠完全架空民主的理想，即架空自由平等和權利的保障。

　　按照福柯的思路，我們可以說現代國家既是民主法制也同時是警察法制，一個是上層架構，一個是法下之法，關鍵是兩者必須相輔相成，上層法的架構必須約束法下之法，但是沒有法下之法，上層法制架構也不能有效運行。

　　今天發展中國家往往面對的是，法下之法猖獗，而上層法制架構卻蕩然無存，發展中的國家必需考慮到契約論和社會紀律的同時建設，因而盧梭，羅爾斯，和福柯的著作都是對此問題深刻理解的基礎。

現代化的三條路徑
議會民主，法西斯，共產主義
2011 10 01

歐洲自十六世紀開始走向現代，其主要表徵為科技，世俗化，貿易和工業的興起，在現代化的過程中，有的國家走在前面，占儘先機，落後的國家則必須追趕，承受著後發的壓力，現代化同時在歐洲各國引發了一系列的社會革命，這些動蕩的結果，使得有些國家，如英美法發展成為了議會民主，德國，義大利，西班牙，和葡萄牙則採取了法西斯的路子，俄羅斯走上了共產主義的革命，並導致了中國也走上同樣的路子，歐洲之外的國家在殖民時代過去後，也需要跟在歐洲之後，各自尋求現代化的途徑。

這些過程的結果為什麼會有如此巨大的差別？這裡面有各國不同社會結構的原因，也有地理因素，發展先後，和外部環境不同等原因，但是每個國家都必須面對一個根本問題，即如何處理龐大的農民人口。這個問題每一個前現代國家都無法回避，因為每一個前現代國家的人口大多數就是農民人口。

英國現代化的最早，十七世紀英國興起了羊毛業，在歐洲大陸上有很好銷售的市場，當時的地方貴族們（landed nobles）為了這個經濟作物開始圈地養羊，把原來的公地圈起來，公地上的佃農被趕走，古代歐洲各地的耕地劃分，是貴族占一部份，自由農民（yeoman）占一部分，第三部分叫做公地，公地上住著佃農，秋收後貴族，自由農民和佃農都可以在公地上放牧，當時大家都可自由放牧並無發生所謂的公地悲劇，倒是羊毛業引起貴族圈地後，才造成了佃農們的公地悲劇，這卻不是因為大家一起爭相放羊，羊把草吃光的公地悲劇，而是因為貴族要養羊把人趕走的悲

劇，當時英國皇室同情農民，往往要貴族讓出
圈好了的公地，皇室建立了星室制度（star
chamber）專為農民投訴之用，皇室為了農民
和整體貴族的鬥爭，導致了 1642–1651 年間的
英國內戰（English Civil War），英皇查理一
世為此丟掉了腦袋，英國的貴族戰勝皇室後，
首先取消掉星室制度，從此農民沒有了投訴的
管道，當時議會清一色的是貴族議員，沒有
土地財產的沒有資格投票也不可能成為議員，
於是議會開始大規模地允許各地貴族要求大片
大片的圈地，造成幾近百分之七十的農村人口
流離失所，英女皇伊莉莎伯一世某次出巡回來
後，問道怎麼全國各地都是乞丐，伊莉莎伯一
世於是要求立法（Poor Laws）用以收留無業
農民，當時農民要是因為飢餓而偷羊吃的話就
是死罪，但嚴刑峻法無法禁止，國家開始整批
整批的把無用的農村人口送去澳洲和加拿大，
加拿大 Cape Breton，和 Newfoundland 的早期
人口就是這麼來的, 剩下的無業農民，年輕的

流入城市的貧民窟成為產業工人，年紀大的還有用的成為貴族僱員，從事羊毛業的勞作，英格蘭，蘇格蘭，愛爾蘭今天還有當年騰空了的農村，至今沒有人口，當時有一句話，叫做羊吃人（sheep ate man），可以想見當時情況之慘烈。

英國的這個特殊經驗，是地方貴族全勝，議會是清一色的貴族議員，農民作為一個階層完全被消除了，這裡說的農民是指peasant，不是說全英國都沒有了耕地的農夫，自由農民（yeoman）還是存在的，有論者（注一）認為這個 peasant 的完全消除（elimination）對後來英國發展成為議會民主很有關係，因為沒有了這樣的賤民，貴族們才會漸漸的學會平等待人，就像美國民主要堅持平等理念的話，必須去掉奴隸制的南方政權才能完成，其後英國的發展也的確如此，清一色的貴族議會，慢慢的能夠接納非貴族的資產階層代表成為議員，到了更後來，英國的產業工人走議會路線，也可以進入議會，那已經是十九世紀末的情況了，全民（包括女性）有權投票是到二十世紀四十年代後的事，英國議會民主的道路，要是從英國大憲章（Magna Carta，1215 年）算起的話，可以說是走了七百多年才算大功告成。

英國的 peasant 們必須被 eliminate 掉這個悲劇的後果，有英國特殊的因素，一個很不幸的原因是選擇了羊毛業的興起，養羊不需要大量人力，所以住在公地上的 peasant 就沒有必要存在了，要是不是羊毛而是別的什麼農作物，就會有很不同的結果，這個在下面討論法国和德国的現代化過程中就能看出差別，另一個對 peasant 不利的特殊原因是英國的皇室沒有常設的陸軍，作為一個小小的海島國家能夠維持一個經貿必須的海軍就很吃力了，皇室為了 peasant 與整體貴族對抗，在沒有常設陸軍

的支援下，是沒辦法持久的，皇室的相對虛弱
是英國議會傳統能夠強大和持久發展的一個原
因，**peasant** 們的問題是他們生活所在的土地忽
然一天變得有經濟價值了，而他們的生活方式
是自給自足的小農耕作，因而妨礙了貴族發
財，在現代化經貿化的農事業興起的時候，在
議會裡沒有他們一席之地的局面下，他們就被
強迫消失了，都說英國的民主發展過程是和平
的光榮的，其實過程是非常殘酷的和持久的，
而過程走完後所引申出來的理論觀點卻是，
peasant 的消除竟然是以後民主發展順利與否的
關鍵因素。

讓我們再來看看法國的現代化過程，法
國的經貿和工業化要比英國晚了差不多一個世
紀，法國與英國不同處有幾個重要的差別，第
一個，法國的貴族對把土地變成有經濟價值的
做法，興趣不大，由於皇室非常強大，法國
的貴族對宮廷政治更感興趣，更喜歡閒逸雅緻

的生活，不但是貴族對現代化興趣不大，連法國的資產階級也想變成貴族，法國皇室賣官，新興資產階級就買官成為新興貴族，另一個原因是法國土地肥沃，農民生活不是太貧苦，有相當的活動能量，不好欺負，還有一個有利農民的因素是，英國先發展和佔據了羊毛業和後續相關的紡織業，十八世紀的法國面對的是穀物作為經濟農作物的機會，即後發國家剩下的機會是向工業化了的地區出口農作物，穀物需要大量的人力來耕作，地方貴族要發展穀物作為經濟農作物的話，就不能趕走農民，法國因而沒有大規模的圈地運動趕走農民，同時法國上下賣官買官，大家都想成為貴族食祿，工商業發展並不迅速，社會發展緩慢，社會上層臃腫腐敗，抵制改革，最終全面爆發了法國大革命，革命的後果不是消滅掉了農民，卻剛好相反，消滅掉了貴族，農民反而在大革命中分得了土地和獲得了明確的土地產權保障，自 1789 年到 1851 年法國多次革命和政變，貴族，資產階級，城市工人，農民交相結盟鬥爭，最後在 1851 年的全民普選中，有了土地後轉向保守的農民卻大舉支持和選出了拿破崙三世的法西斯式政權(注二)，後來法國還是回歸到議會民主的路子上來，不過由於在現代化的過程中 peasant 階層並沒有被消除，有人認為這就是法國到今天民主不順的原因，歐盟今天的高農產品價格主要就是為了滿足法國的農民，對法國的工業發展不利。

同樣德國的現代化受到了後發的壓力，德國到很晚才成為一個統一的國家，之前是星羅棋佈的封建公國（principality），工商業資產階層弱小，不能構成左右貴族的力量，由於此時英國已經是工業強國，還有龐大的海外殖民地和市場，正在走向日不落的第一帝國，剩下給其它國家的機會不多，發展的壓力更大，德國當時面對的機會跟法國一樣，是出口穀物到工業先進地區，於是德國的貴族就要農民大量種穀物，原來德國和東歐一帶的農民是相當自由的，農奴制雖然存在，但不能有效強制，農民總可以向東方西伯利亞的大片土地出逃，但是由於穀物成為了大宗的經濟作物，德國的貴族比較驕悍，此時在東歐一帶竟然回頭再深化封建，再把農民變成為農奴，後發壓力，和不利的局面，是德法都有法西斯傾向的原因，德國更為落後一些，法西斯的傾向更為嚴重，黑格爾窮一生精力要尋求的個人和集體的調和（subject and substance），說的就是德國面對急劇現代化時揮之不去的憂慮和憤顢，黑格爾的哲學命題，到了尼采，到了海德格都沒能解決，德國的深刻憂慮和憤顢終於走向好戰的虛無主義，落後又不能認真面對好，只有通過兩次大戰的悲劇才能解決這個局面。

德國和義大利歸隊到議會民主的陣營要在 1945 年之後，葡萄牙於 1975 年，西班牙於

1982 年才成為議會民主的國家，至此整個歐洲進入議會民主的結構。歷史的步伐與方向也因而明晰，原來法西斯不過是落後國家對落後於現代化的一時激烈反應或一時策略，不是社會長久健康發展的途徑，經歷過一段時間後，是要回歸健康發展的路途上來的。同時共產主義的途徑也被證明此路不通，即使在蘇聯，無產階級專政也從來是虛假的事，要是真的是無產階級專政了，那就是整個社會走上反生產力發展的一天，剛好與現代化背道而馳，今天的俄國也是議會政治了，雖然並不完美，可見現代化的三條路徑並不是永遠的殊途，最終是會合流到符合社會長久健康發展的路子上來，黑格爾的名言：歷史的進程是自由的不斷擴大化，被歐洲和俄國的走向議會民主再次證明其正確性。

　　以上分析是從時間先後和機會不同的角度來觀察歐洲社會發展的歷史，此外還有一個相當重要的問題需要解答，即當時各國現代化的主導力量是什麼，他們各自不同的性質和起點對現代化的路徑起了什麼樣的影響？首先這不完全是一個階級分析的問題，從我們這個時代回頭來看馬克思在共產主義宣言裡做的階級分析來看，他把無產階級和所有非勞工的群體對立起來，其最終的結果是反生產力發展的，二十世紀共產主義運動的結果告訴人們錯誤的階級理論的巨大危險性，相比階級分析把目標禁錮於某一特定群體，更為準確的做法是看當時社會進展的主導力量是什麼，這不一定是某一階級，它很可能是一個不斷聚變的合成群體，關鍵是這個合成群體隨著時間的進展，它的主張和要求是什麼。

英國在十七世紀羊毛業興起的時候，主導的力量的確是地方貴族，但是由於英國的改革走在前面，就有了後續的紡織業興起，這時主導的力量開始從土地貴族向工業新秀群體轉移，英國的貴族們一方面吸收了新興的企業力量，另一方面自己也開始脫離土地貴族的特性，參與到新興工業裡來，也就是說英國前進的主導力量已經不能簡單的用土地貴族的階級分析來看問題了，從英國國會廢除 Corns Law, 即對土地貴族不利的引進外國玉米的法令，可以看出其時英國的土地貴族已經成功的轉型了。由於英國前進的主導力量是一個新興企業和貴族的合成，這個合成躰並不堅持農業經濟發展為主導方向，而是隨機的發展任何新機會，是為自由主義（liberalism）興起的根本原因，在我的另一篇文章：*"英語世界的正義觀，自由觀，及其危機"* 裡我提到英語世界自由主義的起源並不根據哲學論證，而是社會主導力量在貿易和工業發展巨大需要下產生的主張，那麼這個問題就比較清楚了，即社會的主導力量要是能跟的上時代的腳步，能隨機的發展新機會，而不是某一特定階層堅持某一特定利益，比如農業利益，那麼這個社會就必須有自由主義作為理論依據，就必須有保障自由發展的政治架構，議會民主就被認爲是這樣的政治架構。

　　反觀法國在 1789 年的法國大革命，革掉了整個土地貴族階層的命，可是革命並未完成，要到 1848 至 1851 年間才能把掌控企業和金融的貴族，即 Orlean 的力量連根拔起，可是在 1851 年的選舉中，有了土地後的農民反而成了新的保守力量，大量投向搞法西斯獨裁的拿破崙三世，使之當政，也就是說法國法西斯的成因，除了前文說的因爲落後的壓力，想要依靠法西斯的舉國體制來急起直追之外，還有由於土地經濟保守和落後的因素走上法西斯，但是由於法國農民的力量是分散的，長久不敵新興企業的力量，新興企業需要的是自由的環境，法國最終走向議會民主。

德國的土地貴族從新把自由農民變成農奴的做法，使得當時德國的主導力量是以農業經濟為主的，德國因而同時有後發壓力性的法西斯傾向，和土地經濟保守性和落後性的法西斯傾向，德國與法國的不同在於，德國的貴族階層保持完整，他們的土地經濟造成他們的保守和落後傾向，由於他們還能維持一體性，他們主導的方向就壓過了弱小的新興企業力量，德國的這些土地貴族們對現代化的憤顢，可以從德國特有的虛無主義看得出來，德國式的虛無主義認為要是理性主義最終的結果是自由主義或共產主義，他們寧為玉碎不為瓦全，他們堅持土地貴族的世界觀和道德觀，不惜一戰再戰，最後德國要在二次大戰的廢墟中，才能打破土地貴族們的把持和法西斯體制，走上議會民主的路子上來。

歐洲各國發展的歷程和引發社會的巨大動蕩可以為當今新興國家借鑒，尤其是考慮到

各新興國家的農民人口如何轉化的問題，和新
興企業需要的自由環境等問題，除了回顧和借
鑒歷史外，新興國家還需要有前瞻的思考，即
往下每一波技術革命，必然產生巨大的財富，
和連帶的財富極大集中，貧富距離因而會不斷
拉大，更爲挑戰的是隨之而來的新一波被新技
術淘汰的人口，社會結構因而會有所改動，造
成經濟，文化，和政治上的聯動。

注一

Barrington Moore, Jr., *Social Origins of Dictatorship and Democracy, Lord and Peasant in the Making of the Modern World*

注二

Karl Marx, *The Eighteenth Brumaire of Louis Bonaparte*

歷史是否終結了？
福山對民主的再思考
2012 01 04

美國著名政治學家法蘭西斯.福山（Francis Fukuyama）最廣為人知的著作就是他在 1992 年出版的 "*歷史的終結和最後的人*"，當時正值東歐劇變，柏林牆倒塌，冷戰結束，東西方陣營的長期對抗以民主陣營的勝出為終結。

早在 1980 年代當蘇聯總書記戈巴喬夫提出改革和開放（perestroika and glasnost）時，福山就斷言即將到來的蘇聯劇變能與黑格爾 (Wilhelm Friedrich Hegel) 說的歷史終結理論對得上號，即蘇東陣營也逃脫不了民主的宿命，那麼就是歷史辯證地走到了終點。

　　福山的這個論定在學術界引起一片振動，當時他是美國國務院的外交政策研究員，專攻蘇聯外交政策，但是福山比一般的蘇聯研究專家有特殊的優勢，福山師承 Allan Bloom, Allan Bloom 師承 Leo Strauss，這一條線下來的學者有深厚的古典政治哲學功底，當東歐劇變在 1989 年之後真的到來之時，福山就奠定了他在政治學界的崇高地位，其時福山還不到四十歲。

　　這裡要說明一下黑格爾的歷史終結這個概念，黑格爾的歷史觀是辯證的，歷史的軌跡是自由的不斷擴大化，當自由到了最大化時歷史就來到了盡頭，這不是說人類的歷史就不再發生了，而是說人類歷史上擴大自由的政治體制演變走到了盡頭，終點是民主體制，因為民主體制之前的所有政治體制都做不到主權在民作為自由最大化的保障，民主體制出現後，之前所有的政治體制都在合法性上說不過去了，黑格爾在 1806 年耶納戰役之後宣稱歷史終結了，因為他看到了歷史正騎在馬背上從他的窗戶下走過，黑格爾所指的是拿破崙，其時拿破崙在耶納戰役裡大敗普魯士的封建軍隊，此後歐洲封建皇室被拿破崙無情橫掃，後來在法國研究黑格爾的權威，亞.科耶夫（Alexander Kojeve）於 1968 年，在他臨終前被問到歷史是否真的終結了，他的答案是肯定的，說 1806 年後的世界發展，包括中國 1949 年的社會革命不外乎是歷史終結的地方性調整而已。

那麼歷史是否真的終結了？福山在 2011 年出了一本新書，名叫："*政治秩序的起源-從史前猿人到法國大革命 The Origins of Political Order- from Prehuman Times to the French Revolution*"，這本書是上下兩冊的第一冊，下冊會是從法國大革命到今天的現代政治秩序觀，這本上冊首先令人吃驚的地方在於書的章節目錄裡從頭到尾沒有提過民主二字，這出自一位以宣稱民主制度終結了歷史演變而成名的政治學家之手，的確令人暗暗納悶。

福山這樣解釋寫這本書的緣起，福山在當博士生時，剛好亨廷頓 (Samuel P. Huntington) 回到了哈佛執教，二人因而結識，從此亨廷頓成為了福山的良師益友，後來亨廷頓請福山為他的 *Political Order in Changing Societies* 一書寫前言，福山寫完前言之後，覺得亨廷頓的書沒能解答政治秩序的歷史源頭，沒有這樣的歷史觀就很難瞭解為何不同的社會各自會有不同的歷史發展軌跡，福山的研究發現現代民主的出現有巨大的偶然性，很難想像非西方國家，即使給予充分的時間，就會自然地發展出類似的現代民主體制，這不是說非西方國家就不能民主，而是說在建構現代民主體制之時，必須先搞清楚該國歷史上的

政治文化和秩序傳統，這一些都是無可逃避的
起點和基礎。

　　從時間點上來說亨廷頓說的第三波民主
浪潮，從 70 年代算起到了 90 年代末可以說是
達到了頂點，福山指出從 90 年代末到二十一世
紀的頭十年，全球民主化浪潮出現了退潮的現
象，許多新興的民主國家表現不如理想，甚
至倒退成威權政體，福山的這些論述是表示福
山對民主有了新的看法嗎？因而認為歷史又不
終結了嗎？

　　福山在 "政治秩序的起源" 裡總結性地
說，現代政治秩序有三個要素，曰：國家，
法治，和責任政府（**the state, the rule of Law,
and accountable government**），在這個總結性
的三要素裡，福山不明確的提出民主二字到底
有什麼樣的考量？讀者們可以猜想三要素裡的
第三項：即責任政府的含義就是民主，這個猜

想沒有錯，可是福山要到書的結尾，四百六十多頁後才把民主和責任政府對接起來，福山的這個安排令人有要一探究竟，追問到底的興致。

福山首先追尋人類政治秩序在歷史上的緣起，他在研究過程中，同時推翻了西方政治學裡的兩大理論系統，首先他推翻了全套社會契約論在自然狀況下的立論基礎，霍布斯，洛克和盧梭說的，人在自然狀況下的立論基礎雖然各有不同，但是都是以個人為出發點的，這無疑是反映了西方在十六世紀以降對個體獨立性的不斷強調，福山引用現代猿類學，進化生物學，人口基因學，社會人類學等最新發現，說明人在自然狀況下，不是每個人面對任何其他人的全面戰爭，真正的情況是即使是猿類社會裡也有群體性的政治行為和政治秩序，人類史前的自然狀況是不斷的人群與人群之間的殘殺和征戰，小的群體終會被更大的群體所消滅，因而有了更大的政治組織和政治秩序建立的必要性。

　　政治組織的大小，從最小的一群狩獵採集者，到氏族，到城邦，到國家，到整體的文明，成為一個組織不斷擴大化的趨勢，不如此就一定會被更大的政治組織殘殺和俘獲。這其中，超然性和統一性的宗教對群體和政治組織的巨大化起了不可或缺的作用，取代了原始宗教和祖先崇拜的組織功能，讓人對宗教有了新的體會。這不是說社會契約論的結論是錯的，雖然所有的社會契約論的起點都是錯的，十六到十八世紀的政治理論，以今天的眼光來看往往是臆想的，這是因為沒有現代實證科學支撐所致，福山自己也在這本書裏完成了從古典哲學轉化為用實證科學來論證的學者，福山建議我們可以如此看待社會契約論，即社會契約論毋寧是一套檢視政府責任的學說，其理論基礎的自然狀況是否真實並不重要。

　　福山推倒的第二大理論系統，是西方自十九世紀以來，以 **Max Weber，Émile Durkheim** 等人為代表的現代化觀，這裡面包含了歷史進步觀，和政治作為上層結構是后發生于生產方式和經濟基礎變動的，對歷史進步觀，福山的觀點與亨廷頓的觀點非常接近，即認爲歷史是會倒退的，政治制度和秩序也是會倒退的，政治制度雖然受到生產方式和經濟基礎的巨大影響，但是政治制度的建設是獨立於經濟建設和考量的，政治組織的建設更多的是與生死存亡有關的考量，而且經濟的巨大發展甚至會導致政治腐化，倒退和解體的可能性。因而必須認識到國家建設是首要的，沒有國家的建設，現代化，民主化就沒有了推動的主體，福山的這個說法可以看成是亨廷頓的政治建設要先行於社會現代化和先行於社會動員理論的延續。

　　福山追索政治秩序建立的歷史時，審視了中東文明，印度文明，和中國文明，這部份的論述占了全書很大的分量，結果可以說是美不勝收，處處有驚人的領悟，比如阿拉伯民族在一個統一性和超然性的宗教，即回教出現之前，是一盤散沙的，是不可能團結起來的，有了回教之後，就能團結起來，還能吸納周邊其他民族，進而攻城掠地，成為世界一大文明之一，比如印度的種姓制度和生計的結合使得印度社會底層的自組織能力特別頑強，印度歷史上沒有一個政權，包括英國的統治，能夠深入社會底層，能夠更改這樣頑強的結構，因而印度的經驗是不太可能有強大的大一統政權的可能性的，今後大概也會如此。

　　在中國文明這一塊上，福山自春秋戰國，到秦漢，一直講到宋明，這裡福山驚人的說，中國是世界文明裡第一個發明現代政府形式的文明，他說中國秦漢的政治體制大幅度的

符合了 **Max Weber** 對現代政府的定義，甚至更早，即戰國末期的楚和齊都有了現代政府形式的嘗試，中國這個現代政府形式的發明是春秋戰國五百多年不斷的征戰淬煉出來的後果，中原大地上個別政體從上千個到最後剩下七國，然後統一于秦一國，中華文明由於春秋戰國的深刻教訓，因而有了從此追求大一統的慣性。

中國古代就出現的類現代政府功能，包括統一度量衡，書同文，車同軌，刑責，稅收，勞役等能夠下達家家戶戶的政治功能，西方到了能夠超越封建制度的低政府功能，開始走向這樣的現代政府功能，要到 **17** 世紀之後了，中國和西方在政府現代化功能的發展上，按照福山的說法，相差了兩千多年，但是中華文明在這樣的政治早熟上是要付出代價的，即過早的政治統一功能，反過來握殺了法治體系的建立，和社會中堅力量的健康發展，而歐洲卻在 17 世紀之前，也就是說在封建體制的漫漫長夜之下，先確立了超然的法治體系，和社會的中堅力量，而超然的法治體系的後盾，是獨立的教會體系和一個超然的和統一性的宗教，這些都不是政治體系能夠撼動的，西方遲來的發展因緣巧合地有了現代政體的三個要素：國家，法治，和責任政府。

　　前面說過了，非西方國家不可能複製西方的歷史巧遇，但是既然這三個要素已經被確認出來了，非西方國家無需重複西方的歷史軌跡·，按著這三個要素的要求逐步建設起來就可，福山的歷史研究說明不同國家有不同的先天條件，這些先天條件不應該是前進的障礙，而應看之為啟動的起點，要是不明起點，是肯定要走冤枉路的，比如印度就先天的有了超然性的宗教和超然性的法，政治不能逾越，印度也繼承了英國遺留下來的民主體制，起碼形式上有了對下負責的政治機制，三要素有了其二，印度的困難在於對下負責的政治機制能否有效執行，社會底層頑強的自組織能否改革和現代化，印度缺失三要素裡的第一塊：即有效的國家功能，這樣看印度向前改革方向也就明確了。

再來看中國，在三要素裡只有有效的國家功能這一塊，中國政治兩千年來，沒有獨立超然的法治體系，其背後也沒有超然的宗教體系，中國自古以來就沒有約束皇權和國家的機制，中國更沒有對下負責的政府機制，雖然中國的政治高層從來不缺少為民請命的責任感，中國所持有的這一塊，變成了中國向前走的唯一基礎。

按照福山的觀察中國自古以來有強有力的國家功能，至今不衰，有了這個強有力的第一個要素，要比一個要素都沒有要好，獨立的法治系統可以認真的向西方學習，這可能是

最容易的一步，也是應該先行的第一步，至
於向下負責的政府機制，在今天中國社會的不
斷發展過程中，當個人，團體，和階級之間的
利益關係不斷複雜化之下，政府對下負責的機
制是社會健康發展的要素，也應是現代化之下
新民本思想的核心內容。

　　最後要探討一下福山在書的最後面才把
第三個要素點明為民主的訴求，福山為什麼這
麼晚才說呢？以下是根據福山書裡的一些細節
做出的猜想，福山在書裡多次提及南韓和臺灣
成功發展成為民主國家，是在威權底下開始
的，這符合亨廷頓的說法，即先要有能推動前
進的精英力量，不管是威權也好，一黨制也
好。這裡福山可能表現出學者的嚴謹，即他不
能完全排除威權政體也有可能做到對下負責的
可能，但是這樣形式的對下負責是沒有長久性
的保障的，只有當人民的權利有了保障後，
才能有必然的向下負責的政府機制，福山可能

還要觀望中國威權政治向下負責的最後結果，才會最後決定第三個要素應如何表述也是可能的。

　　大家或許最後想要問福山的是：歷史到底還終結不？福山對民主理論是否有了新的修正，根據以上的閱讀，福山還是持民主在理念上沒有錯的看法，所以在理念這個層面，應該說歷史的辯證是走到了政治理念的盡頭，歷史還是終結了。

　　雖然民主在理念上沒有錯，那麼只能說福山和亨廷頓都對民主有了修正的看法，即強調民主的實現要依靠強有力的國家力量，和民主能否達至政府有效地對下負責。

　　福山今天對美國民主的實踐，提出了必須有所改革的訴求，因為一些全國性的巨大矛盾不能解決的話，就意味著美國正在失去第三要素，第一要素的有效性也就同時成了疑問。

讀"歷史的未來"
看福山的困惑和期待
2012 01 15

　　朋友提醒我看國內翻譯的"福山：歷史的未來——自由民主制能否在中產階級的衰落中倖存下來？"一文。我剛好一天前也注意到了這篇譯文，由於意識到此文的重要性，因而也把原文找出來，原文出自美國外交事務雙月刊的 2012 年 1/2 月號。

　　除了幾處明顯的翻譯錯誤，總的來說這篇翻譯與福山原文的大意差別不大。福山此文指出當今西方和全球所面對的困局，本文將從福山的困惑和期待兩點切入，用以更好地闡述福山所說的這個局面。

　　首先福山解釋，當今美國經濟困難，政治上呈僵持狀態，美國中產階層力量不斷弱化，此局面如果持續下去，將會威脅到美國的民主制度，甚或顛覆民主的意識形態。可是令福山困惑的是，在這樣的局面下，美國社會可以動員的力量卻不是來自中下層的左派力量，而是來自中下層的右派力量，即茶黨的動員能量，福山認為這主要是由於左派多年來都沒能拿出有說服力的理論有關，幾十年來就沒有一位左翼思想家能夠提出，（一），對經濟變革中發達社會的結構分析；（二），保護中產階級可操作的政治議程，福山說這樣的局面不健康，應該左右辯論，互相在理論上有所競爭才好。

福山的這個說法並不對稱，因爲右派也沒有理論應對這兩個問題，福山爲何只對左派拿不出理論而有所困惑？我們同樣可以問：難道右派就有具說服力的分析和議程了嗎？答案是否定的，不但如此，美國右派的自由市場不應被管制的理論在 2008 年的金融動盪中再一

次被證明不是什麼可靠的理論，右派的小政府
理論在共和黨執政期間也是站不住脚的，因爲
共和黨下的政府體積仍是在不斷擴充的。

　　光說理論的話，福山忽視了左派的福利
民主制度有著名的羅爾斯社會公正理論爲依據
（**John Rawls:** *A Theory of Justice*），羅爾斯
不光是繼續發展了霍布斯，洛克和盧梭的社會
契約理論，他還引進了極爲高標準的康德道德
觀，發展出美國福利民主制度的理論，所以
左派的理論不可謂不堅實，反而是右派的自由
放任市場和小政府理論是多次被證明了站不住
脚的。

　　可以這麼說，福山的困惑是看到了現象
卻錯怪了對象，問題不是誰有更好的理論，
而是誰佔領了輿論高地，即誰的意識形態和
propaganda 是美國今天的主流，按照福山的分
析，美國社會的中下層在文化上是保守的，用

福山自己的話來說就是："例如在美國，茶黨在措辭上反精英，但茶党成員卻把選票投給保守派的政客，這些政客恰恰是為他們所厭惡的金融資本家和商業精英服務的。關於這一現象有很多解釋。包括根深蒂固的對機會平等而非收入平等的信仰，以及文化因素，例如墮胎、槍支管制，這些問題會壓過經濟訴求"，這就是今天主導美國右派的意識形態，造成美國中下層保守民眾并不完全理解自己利益之所在。

其實長期主導英美的自由主義（liberalism），從來不在乎有沒有堅實的哲學理論基礎，自由主意在政治哲學家 George Grant 的眼裡，不過是英美社會裡佔據主導地位群體的意識形態，而英美在自由主義，貿易和科技這三者的強力結合下，成功地主導了世界兩百年之久，這樣成功的結合，讓人理直氣壯，更不會在乎理論的有無。

但是今天福山看到在科技和全球化的雙夾擊之下，社會內財富極大地集中起來，中產階層不斷地弱化，這個局面其實早在 1985 年就被 George Grant 預言了，即全球化下，自由主義只會助力資本和技術的全球遊走，工作崗位也跟著資本流失，於是英美幾百年以來的成功組合，即自由主義加貿易加科技的鐵三角出現了基本矛盾。這個局面的確需要福山所說的：（一），對經濟變革中發達社會的結構分析，和（二），保護中產階級可操作的政治議程，但是這不光是左翼思想家的問題，而是整個西方社會包括右派也要面對的問題，和如何動員的問題。

福山認為目前社會的不公會不斷惡化，美國財富的極大集中已經形成了自我強化的機制，這個局面必須要有民主的動員來制衡之，但是要有民主的動員就必須先要打破來自舊世代的完全自由市場和小政府的論述，福山說我們需要一個全新的論述，這個全新的論述既不是左的也不是右的，而是來自左右理念的整合，這個新的論述還必須深刻批判精英們對中下層的出賣，批判金錢政治，批判美國政治中心對財閥們的巨大維護。理論上福山認為還要批判新古典經濟學派的理論和它的立論基礎，即個人主義，因為個人從來不是完全自主的，個人是深受社會環境所左右的。

那麼福山期待的新論述是什麼呢？福山認為要重建一個健康的中產階層和走向強大的民主社會，一個全新的意識形態要包含一些要素，這些要素可以表列如下：1）政治優先於經濟，2）強化政府代表公眾利益的合法性，3）重新設計公眾服務體系，使執行機構能夠擺脫對利害關係者的依附，4）直率的主張更為廣泛的財富分配，5）尋求切實可行的終結利益團體左右政治的局面，6）全球化的機遇和因應必須納入政治管控之下，7）市場本身不是社會的目的，貿易和投資的價值在於能使社會的中產階層蓬勃發展，而不是盲目地追求國家整體財富的增長。

從這七條要素來看，除了第三條是針對政府機構裡工會的力量之外，其他六條都可以看成是與新古典經濟學派和美國保守派的立場背道而馳的，這樣看就比較可以理解為什麼福山的困惑聚焦于左派沒能拿出像樣的新理論，原來他想要的方向幾乎全部是傳統左派關心的範疇，他當然更期望左派能夠提出新的論說。

其實福山也明白理論不是關鍵，關鍵是必須要有民主的動員來制衡之這樣的觀點，要是我們根據 George Grant 的說法，即主導一個社會的強勢意識形態必然是反映該社會佔據主導地位群體的利益，那麼我們今天還看不到美國資產力量會捨棄全球化巨大利益的可能性，資金和工作外流會持續下去，新的意識形態也難以產生，社會動員可以說言之過早，看來還要有更大更深刻的挫折才能引發比佔領華爾街更有效的社會動員。

福山指出的問題可以說是美國社會根本性的問題，即市場和資本的自由有導致社會畸形發展的問題，要限制市場和資本的自由，要節制全球化，哪怕是一點點，也會抵觸自由主義和放任市場原教旨的立場，沒有一點管制的話，貧富分化和中產階層的不斷弱化就發生在眼前，美國呈現寡頭和民粹傾向同時存在的局面，困惑福山的是右派民粹成為美國社會動員的主力，而民粹性質的茶党卻幫寡頭辯護而不自覺。

美國社會面對的這個根本性問題，可以說是整個西方民主體制更新的問題，當然世界其它地區也不會安然無恙，這樣看就更能理解福山文章標題的深刻含義："歷史的未來——

自由民主制能否在中產階級的衰落中倖存下來？"。

　　福山讓大家想像今天會否在某處一個小閣樓上有一位默默無聞的寫作者正在奮筆疾書，要勾畫出一個未來的意識形態，這有點要呼喚未來馬克思的意味了，其實福山不必遠求，他自己就是最佳的人選，福山在 **2008** 年以改投歐巴馬的形式正式告別了他在美國保守學術界的位置，他從此可以無拘無束地推動民主的改革，不受左右的拘束，卻具備了左和右的眼界和學術功底，以他師承 **Allan Bloom** 和 **Leo Strauss** 的保守學術背景，福山可以說是成功地脫胎換骨了。

開枝散葉

看近代西方政治學的變遷

2012 08 19

西方政治學，自柏拉圖，阿裡斯多德以降，其主要的爭辯發生在政治哲學和現實政治學之間，一方是統治西方思想達兩千多年的神學和形而上哲學，另一方是不斷要從神學和形而上哲學統治下掙扎出來的現實政治理論，後者的主幹線可以以馬基雅維利，霍布斯，洛克，盧梭等人為代表，而政治哲學裡的形而上主流到了黑格爾之後，逐漸式微，雖然有所反復，但是到了海德格和維根斯坦之後可以說是其領導地位終於被推翻了。那麼到了19世紀下半葉之後，剩下的現實政治主幹線是如何在20世紀發展下去的呢？

有論者認為西方現實政治思想在20世紀之前好像大樹的樹幹，其基礎思想並不繁複，理論家人數也不為多，在現實政治上的爭論主要發生在群體生存和個人主義之間，前者可以歸類為共和體系（republicanism），可以由柏拉圖，阿裡斯多德，馬基雅維利，盧梭，美國立國之父之一的麥迪森等人為代表，後者可以歸類為自由主義體系（liberalism），由洛克，托克維爾，潘恩，彌爾，到現代的羅爾斯為代表，而到了 20 世紀之後，大樹的樹幹開始開枝散葉，呈現出極為繁複的變化，讓人難以概括，這個現象可以歸因於現代政治學力圖解決現實生活裡的困擾因素，而現實生活在資本主義和工業化出現之後變得極為複雜，就像馬克思說的，哲學不應滿足於光是理解世界，還應該要想改變世界，政治何嘗不應如此，於是政治理論開始呈現出極多的派別和主張。

整個十九世紀歐洲社會面對著巨大的變革，即從農業社會轉變為資本和市場為主導的社會，和由封建王權轉變為現代民族國家的社會，在工業化之後，社會的分工越來越細，社會的穩固性端靠高度的互為依存，於是有了社會分化和解體的極大擔憂（differentiation and disintegration），不同的社會學派提出不同的主張，馬克思提出消滅階級的理論，Émile Durkheim 提出道德和文化必須跟的上時代的變遷，即道德和文化必須不斷重建論，Max Weber 則提出理性主義，去魅，建立責任政治，並擔憂無所不在的官僚權力 (the iron cage of bureaucratic rule)。

相對於十九世紀社會學的巨大進展，政治學，尤其是學院裡的研究，從 19 世紀末到 20 世紀上半葉，仍然以研究每個國家的憲法和制度為主，這個局面非常為人詬病，首先官樣文章的憲法和制度論解釋不了法西斯的興起和兩次世界大戰的根源，從知識累積的角度看，這樣的各國知識不能成為科學意義上的知

識，歐洲和美國因而興起了實證學派
（positivism），希望能夠在社會學和政治學裡
發展出像自然科學那樣可以實證的理論，這個
發展勢頭主要表現在美國學院裡發展出來的行
為主義（behaviourism），在 60 年代成為顯
學，但是由於行為主義必須在規則明確的民主
體制底下才能有實證的結果，碰到所有非民主
的體制就變得一籌莫展，人的變幻莫測說到底
不能被機械式地模擬，很快社會學和政治學又
回歸到大架構歸納性的研究（macro
inductive），而非演繹性的（deductive）實證
研究，這之後雖然有理性選擇理論（rational
choice theory）的出現，終不能挽回實證主義
的頹勢，但是在政治學裡，1960 年代末還有更
為翻天覆地的變革，首先無論是自由主義學派
或馬克思學派所共同沿襲的古典範例
（classical paradigm）在 60 年代末已經難以為
繼，所謂的古典範例是指自亞當斯密，孔德以
降，一直到 20 世紀 60 年代末，都認為生存上

的壓力導致創新，創新導致社會變遷，政治和文化的變革隨後而至，60 年代首先見證了古典範例不能適用於第三世界，第三世界的變革首先始於外來壓力下的政治崩潰，而創新卻遙遙無期，按照西方的建議走西化的路子造成了大量非西方國家發展失敗，但是更為重要的是西方內部的衰退與古典範例裡的進步觀有所違背，於是 60 年代末政治學做了兩個重大的調整，第一個調整是從古典範例的由結構（structural）改變導致功能 (functional) 改變的走向，即 structural functionalism 轉變成為功能需求導致結構改變的走向 functional-structuralism，用以解釋非西方的政治現象，第二個調整是從古典範例的唯物性（materialism）改成為精神和文化的衰退先行於社會衰退論，這是建基於 Pareto, Mosca 及 Spangler 等人的理論，並被認為是理論上重大的突破。

　　60 年代末實證主義被列為支流後，政治學重新恢復了國家和制度的研究，亨廷頓提出必須把政治建設放在社會現代化和社會動員之前，以政治發展為首要，並不惜限制社會現代化的進程，政治建設則以政黨建設為主，即使一黨獨裁也比沒有政治發展要好等等理論，一時間國家研究以各種面向同時發展，有法理上的，和實質上的國家性質研究，還有國家與社會關係等研究，可謂一時之盛，到了 90 年代新制度論研究更下一層樓，認為國家研究的層次還是太高，使人難以瞭解一個政策的改變和執行的機制到底是如何完成的，如是有了理性選擇制度論，歷史制度論，社會學制度論，和思想制度論等等學說（**rational choice institutionalism; historical institutionalism; sociological institutionalism; ideational institutionalism**）從制度形成的歷史，文化，機制，和思想變遷來更為深入地瞭解政治變化，這個勢頭從 90 年代一直延伸到 21 世紀的頭十年，可謂正在當下，仍未看到盡頭，這其中尤其是思想制度學最為能夠解釋政策改變的動因和執行上的種種變數，與過去用國家作為一個整體的研究相比，的確有巨大的改進，更不用說與十九世紀用整個社會為單位的研究相比較了。

　　政治學者們堅持政治學要解決的是現實上的困境，理論和方法論都只是手段，並非政治學的目的，在這方面政治學在60年代末碰壁之後，首先被揚棄的是以西方為中心，為範例的現代化理論（modernization theory），即把現代化等同西化的理論，代之而起的是依附理論和世界體系論（dependency theory; world system theory），這兩個理論認為第三世界要發展必須走自己的路子，否則越發展就越不發展（development of under development），甚至應該刻意與世界中心保持一定的距離，因為世界中心是不會輕易放棄既有的經貿和工業優勢的，在 70 年代，和 80 年代這兩個理論盛行之後的是 90 年代到今天的後殖民理論，女性主義和解構理論（post-colonialism；feminism；post-structuralism），這些理論認為世界不能光從政體的角度來看問題，必須認識到文化和認同是跨越國界的，世界也不能光從國家與國家之間的關係，國家做為單一地理概念來看問題，現實問題是多尺度性的（multi-scale）。

現代政治學的主流，起碼西方的主流是自由主義的（liberalism），最近二十年是新自由主義的（neoliberalism），自由主義很早就認定民主制度是達致自由最大化的保障，美國立國之時對民主制度的思考，就有直接民主與間接民主之爭，整個二十世紀對民主的理解和實際操作也有了更多的論述，例如 Schumpeter 的人民其實主要是投票選出新政府，人民並不參與政治決定和操作，Dahl 的任何比較大的政治體制都不可能有完全的民主，包括美國，民主其實是 poliarchy，即多個權力中心的共治，還有 Tilly 的分贓式民主（consociational democracy），民主的主要派別，除了原來的自由民主派 liberal democracy 和 共和民主派 republicanism 之分外，到了二十世紀還有五個派別，即小政府民主派（protective democracy），代表人物為海耶克和 Milton Friedman，多樣代表性民主派（pluralism），即民主政府理應代表不同團體的利益，代表人物為 Truman，Dahl，實利民主派（performance democracy），即沒有實際利益下次不投票給你派，代表人物為 Schumpeter；參與民主派（participatory democracy），認為民主習慣應該廣為散佈成為日常生活和工作裡的一部分，代表人物為杜威，和福利民主派（welfare democracy），認為社會公平應該向弱勢群體傾斜，代表人物為羅爾斯。

　　政治學到了二十世紀的後半頁，可以說是枝繁葉茂，百花齊放的局面，同時其視野和深度都有了長足的進步，一改 19 世紀和 20 世紀上半頁總是以全社會或全國家的角度來看問題，不過目前的進步也有繁瑣化的趨勢，理論的覆蓋面越來越小，考慮的問題也比較瑣碎，一改以前的大架構，大過程，大比較的氣勢（Tilly 語），可以說有得必有失，這是沒有辦法的事情，細膩和大氣勢難以兼得。

　　不過在政治學所強調的要解決現實困境這一點上，今天的政治學仍然有巨大的空間需要大力開發，19 世紀社會學留下的難題有些還遠遠沒有答案，難題有三，即馬克思的資本制度內在基本矛盾在今天資本全球化下仍然沒有答案，Durkheim 的社會發展必須有跟得上的道德和文化重建，在今天西方內部繼續呈現衰退，和在消費主義盛行的局面下，也是看

不到答案將來自何方，最後是韋伯對官僚體系
的擔憂，西方社會不斷的陷入政府責任和職能
的無限擴張，在民主的民粹傾向下，政府的重
負將不勝負荷，也就是我們今天看到的長期赤
字預算和福利政策無以為繼的局面，而同時全
球資本市場的難以管控，和極力抗拒被管控，
這一切把我們帶回到 Polanyi 在 *The Great
Transformation* 一書裡提出的巨問，是市場要
服務於社會和政治呢？還是要社會和政治服務
於市場，看來政治學需要百尺竿頭更進一步的
地方還是不少的。

附件一
西方形而上哲學的
緣起，流變，及其終結
2011 08 22

　　主導西方思想達兩千年之久的形而上哲學，根據尼采等人的考據，起源於古希臘柏拉圖和阿裡斯多德師徒二人的哲學，其基本思路是，現實世界裡的一切都是一種模仿，模仿什麼呢？他們主張虛空之中蘊藏著所有完美的形狀（**form**），完美的美（**idea of beauty**），完美的好（**idea of good**），這個虛空的世界，也是神聖的境界，才是真實的世界，我們這個世界裡畫出來的圓，永遠不會是完美的，因為是一個仿製品，人性（**human nature**）原來的藍圖（**causa formalis**）也是來自於這個虛空的真實世界，所以人也是不可能完美的，我們世界裡的一切，包括真，善，美，正義，道德，靈魂莫不如此，我們的世界其實是一個表像的世界（apparent world）。

這個虛空是真實的世界，由於看不見摸不到，所以是形而上（metaphysics），metaphysics 一字起源于阿裡斯多德著作裡關於物理章節之後的論述，也就是物理之後（meta）的意思。

這個虛空是真實的世界，現實是表像的世界的說法，尼采稱之為歷史上最為荒誕的謊言，它卻成為西方主流思想的基礎達兩千多年之久。阿裡斯多德雖然反對老師柏拉圖對完美形狀（form）的說法，但是他的一個議題：為什麼世界裡會有物質，而不是什麼都沒有，卻把形而上哲學引向更深的冥想方向上去了，阿裡斯多德使得形而上哲學包含了三個內容，什麼是物件的本質，什麼是恒久不變的，什麼是宇宙的第一動力（first mover 也可作創世主的解釋），整個中世紀阿裡斯多德哲學大行其道，從一世紀開始他就被稱為唯一的哲學家（"the" philosopher），他的老師柏拉圖卻完全被人遺忘，直到 15 世紀後柏拉圖才從新被人認識，阿裡斯多德的形而上學說被阿拉伯的學者們認識到它對一神教的巨大意義，阿拉伯學者們大量翻譯了阿裡斯多德的著作，這些阿拉伯文的翻譯後來流入歐洲。早期的天主教，同樣的看得出形而上哲學對基督教一神的巨大意義，於是形而上哲學虛空境界裡的 form, beauty, good, 就很容易地轉換成創造宇宙的神：耶和華，在基督教的加護之下，形而上哲學與神學結合，繼續大行其道，虛空的世界繼續是真實的世界，我們的世界還是表像的世界，基督教神學裡的希臘哲學色彩就是這麼來的，尼采把基督教看成為大眾化了的柏拉圖思想。

形而上哲學到了笛卡爾的時代，變成了我思故我在，笛卡爾的偉大處在於他把以上帝為中心的形而上論述轉換成以單個人為中心的論述，擺脫了宗教論述，但是還是形而上的論述，我知道自己存在，我面對萬物，物我對立（subject versus object），但是我不能肯定我所面對的一切事物的存在，我只知道這些事物的概念存在於我的腦海裡，形而上哲學因而有了超級懷疑論的性質，最後笛卡爾無法解決這個超級懷疑論，還是把上帝請回來，說物件的存在不必再懷疑了，上帝不會騙我們的，笛卡爾的超級懷疑論被自己的上帝不可懷疑論破了功，但是這個結果還是符合神學和形而上結合的方向，所以形而上哲學繼續延伸下去。

　　到了黑格爾手裡，他發展出來的人的感知現象學（self consciousness；Phenomenology of Spirit）和集體意識（objective spirit）其真正用意是要整合現代人的自由觀念和歷史裡理想的社會群體觀念（synthesis of subject and substance），也是要整合科技和理想主義

（idealism）之間的矛盾，但是黑格爾的體系還是形而上的，他把人的理性的來源歸因於上帝的恩賜，人的群體意識（objective spirit）也不是人的群體覺醒，而是上帝在人間的作為，歷史的軌跡即自由的不斷擴大化當然也是上帝在人間的作為，一切的政府形式也是上帝的意思（the state is the march of God through the world)，這就是一切"現實的都是理性的"這句話的形而上哲學的背景，在科技的巨大壓力之下，康德和黑格爾二人都要為形而上哲學和神學劃下自留地，認為理性和科學最好不要再追究神學和形而上哲學了。

到了十九世紀末，終於有人鼓足了勇氣，勇敢地挑戰正統的形而上哲學和神學，尼采正式提出了形而上哲學的荒誕無理和必須被打到，形而上哲學不但無益，而且有害，因為形而上哲學把真實的世界說成為表像的，而把虛空的境界說成為真實，這是歷史上最為荒誕的謊言，而卻能夠流毒二千年之久，它是西方世界虛無主義（nihilism）的基本成因，因為這個世界是表象的，這個世界的一切沒有意義，人人可以為所欲為也是無所謂的，大家都虛無了，全面的虛偽文明因之而起。尼采的憤怒是如此表達的，他說十九世紀末整個歐洲彌漫著極度的張力（a magnificent tension），就像一把扯盡了的弓（a fully stretched bow），要幹什麼呢？就是要反擊無所不在的柏拉圖主義，即神學和形而上哲學。他要把箭射出去，射到哪裡去呢？尼采的答案是超人，是權力意志，要人擺脫形而上哲學的枷鎖，要人頂天立地，勇敢地不斷的創造，永無止境（eternal recurrence）地創造，創造是新價值觀。

但是要擺脫兩千多年的思維習慣談何容易，尼采的從新審視一切價值，尼采的權力意志，尼采的不斷創造等想法的內核，還是逃不出形而上哲學的思維定勢，尼采不光是自己承認是虛無主義者，他挑明了上帝並不存在，上帝已死，即虛無的真實世界也沒有了，這就更加深了西方人在虛無狀態下的惶恐不安，惶恐不安是因為兩千年下來的基督教思維定勢無法一下子根除和讓人能夠坦然接受。

到了二十世紀初，在海德格（Heidegger）和維根斯坦(Wittgenstein) 等人手裡，形而上哲學才最後轟然倒塌，海德格的論述比尼采的還要驚人，他說不光是形而上哲學顛倒了真實和虛幻兩個世界，把真的說成是表像的，把虛的說成是真的，更為嚴重的是形而上哲學把一切都看成為'物'（being）的慣性態度（seek to understand the nature of being），因而誤讀了人的本質達兩千年之久，因為形而上哲學把人看成是一個會說話和有理性的動"物"，這些動"物"的理性或靈魂卻來自上帝，也就是只看到了人的個體意志的能動性是 "動"物性的，卻沒有看到人的植物性的一面，即人人是植根於（rooted, plant like)他的文化土壤裡，傳統土壤裡，和他的社會土壤裡，他不能自拔於他的環境土壤，他人在江湖（thrown in the world）身不由己,他的存在是一個社會的存在，海德格拋棄邏輯，因為邏輯不能應對人在社會裡的感受和反應，除了動態的還有靜態的反應，人是一個有感性（mood）和有情理（logos）的社會存在，對此邏輯完全無能為力,邏輯不能處理 logos，現代社會的弊病就是只看到人的"動"物性要改變世界，征服世界，科技加強了這個趨勢的可能性，這都是形而上哲學強調人的"動"物性的必然後果，無視人的社會性才是人在現代世界裡感受到深刻的不自在感（alienation and uncanniness）的真正原因。可是海德格自己的巨著 *Being and Time*,按他自己後來的自我批判，還是沒能完全逃脫形而上哲學的習慣，因為他的大寫 B 的 Being， 即他的人的本質，

雖然有了新的內容，即人的植物性，但是還是
一種形而上哲學的本質學。

　　到了維根斯坦，他的前期語言論還是
以形而上哲學為基礎的，但是他的後期哲學卻
成功的擺脫了形而上哲學，建立了語言對思想
的限制性和語言策略等論述。形而上哲學終於
終結了，哲學在二十世紀不再是神學的婢女，
也不再是科學的婢女，在哈巴馬斯（Habermas)
的手裡，哲學不是單一邏輯思維的線性表述
（monologic），哲學要跳出冥想
（contemplative）的習慣，不要光想，還要成為
馬克思所說的能夠改變世界的辦法，成爲批判
性的理論（critical theory）即分析，反省，宣
傳（enlightenment），解放(emancipation) 等
一系列的革命或改革手段。到了噶達馬
（Gadamer）手裡，哲學變成了純粹的解釋學
（hermeneutics），噶達馬要回歸到阿裡斯多
德的實際哲學（practical philosophy），即阿

裡斯多德的政治學，強調人要守本分，不要狂妄（**prudence**）阿裡斯多德的形而上哲學就不要了，此時西方思想已經進入後現代，連現代的論述都不足採信了，更遑論形而上哲學了。

最後說一下西方對形而上哲學的反叛歷史其實是很久了，最早可以追索到十五世紀的馬基雅維利，他的論說裡沒有神，沒有虛空，全是人要如何掌握自己的命運，要強力改變命運，如何建立共和體制，回歸羅馬時期的理性政治，現實政治，對形而上哲學的反叛同時來自於科技的巨大發展和哲學上的覺醒，哥白尼的反對地心說巨大的動搖了神學和形而上哲學，在哲學方面有培根和霍布斯的動力理論，也是不需要上帝的，整個社會契約論系統的哲學家，包括霍布斯，洛克，盧梭，和英語系不重哲學重自由的學派，都在動搖著形而上哲學的根基，但它還是延續了兩千多年，才能最終倒塌，西方思想終於認識到人的世界是我們應該用心專注的世界，沒有遙遠的虛空世界，即使有，也與我們的關係不大，虛空的世界並不真實，尼采，叔本華，海德格等人都受到東方思想對人倫關懷的影響，固然當今世界裡還有宗教原教旨的復興，哲學界裡還有如 Voegelin 等人對追求聖潔依依不捨，但在思想界已經不是主流了。

看來要揚棄文化裡的糟粕，東西方都一樣重要，讀西方哲學尤其需要知道形而上哲學在西方思想上的獨霸局面及其影響之深之久，是與西方盲目繼承了與自己個性格格不入的希臘和希伯來傳統有關。

附件二
我在寫作和翻譯方面
所採取的一些策略
2011 08 30

現代溝通理論認為，寫文章的目的是要溝通，不是為了別的，比如沒有必要地用艱澀的文字和概念來寫文章，都是忘記了溝通的目的，無論所說的問題有多麼複雜，能夠把文章的核心意思儘量簡潔的表達出來就可以算是成功了，我寫文章就是按照這個思路去寫的，因而我的文字往往缺乏華麗的修辭和高深的典故，另外我還需要向大家解釋一下，為什麼很多時候我不採用國內通用的翻譯，這裡有兩種情況：

第一種情況是人名的翻譯，除了常見的名字如柏拉圖，蘇格拉底，阿裡斯多德外，比較少見的名字，往往我就直接用英文名字了，這是考慮到今天的讀者大多數都學習過英語，看英語的原名應該不是問題，翻譯少見的名字反而會使得大家不知我到底在說誰，直接用英文名字就可以避免翻譯所引起的困擾。

第二種情況是因為少數國內的翻譯我認為不能準確地表達哲學家原來的意思，讓我舉幾個實例來說明問題：being 一字在國內通譯是"存在"，being 這個字一般的理解是一個個體（an entity)，being 還有定型了不變的個體的意思，比如上帝就是一個 being, 石頭也是一個 being， 這個意思是相對於 becoming 來說的， becoming 是還在變化進行中的個體， 比如活著的人，那麼把 being 翻成 "存在" 就有問題了， 因為存在是進行中的， 存在更接近 becoming， 一定要把 being 理解為 "存在" 的話，有的哲學家把 being 拆開來寫， 寫成 be-ing, 強調的是進行中的 ing, 問題更為複雜的是海德格的 Being, 是大寫 B 的 Being, 海德格的小寫 b 的 being 還是個體，但是他嚴格區分 Being 和 being, 並再三告誡大家， Being 不是 being，那麼他的意思是什麼呢， 他是說一個個體的 being， 決定它的行為和所有性格的內核叫 Being, 我們可以理解 Being 為本性或靈魂，此時大家可以看到為什麼把 Being 也翻成 "存在" 是如何的遮蔽了哲學家的原意， 所以經過反復閱讀， 理解哲學家要說的原意後，把 Being 翻成 "本性" 才比較接近原意。

再舉一例，黑格爾說的 objective spirit, 國內的通譯為 "客觀的精神"， 這裡我們就客觀這個詞來說， 客觀可以理解為不是主觀的，即比較公正沒有私心的意思， 那麼我們是否可以理解 "客觀的精神" 為 "非主觀的精神" 呢？這就與黑格爾的原意相差很遠了， 黑格爾說 objective spirit， 是相對於 subjective spirit, 和 absolute spirit 來說的， subjective spirit 是出自

153

人的心理和人類學之類反應的精神， objective
spirit 是關乎堅持要有法律和國家典章制度的
精神， absolute spirit 是關乎對藝術，宗教和
哲學的精神， 單就 objective spirit 來說， 它是
公衆意志得到落實 (objectified) 後的表現， 所
以叫 objective spirit, objectified 出什麼東西
呢？ 即公衆意志想要的法律和國家的典章制
度，反復閱讀後才瞭解 objective spirit, 是公衆
意志要落實（objectified） 的精神， 那麼通譯
的 "客觀的精神" 能夠說明這些原意嗎？ 我的
翻譯："集體意識" 並不理想， 但是點到了 "公
衆意志要 objectify 的精神" 的原意。

　　這幾個例子也同時說明了為什麼看中文
翻譯的黑格爾著作往往有雲裡霧裡的感受，面
對一大堆如 "存在" 和 "客觀的精神" 這樣的翻
譯， 讓人難以琢磨出其真正的含義， 那麼看
英文翻譯是不是有同樣問題呢？ 英文的情況要
好一些， 但是也不容易， 問題是德文本也逃

不出哲學家原來文字艱澀的問題，德國博士生往往需要反復對看英文本，可以做為佐證，這樣他們就可以吸取英語方面專家們反復論證後的好處，研究歐陸哲學的英文專家肯定要多一些，比如 H.S. Harris 教授 就花了四十年的時間，即一輩子，只研究黑格爾的一本書："精神現象學"，鑽研之深難以想像，研究生們往往需要參考這樣的專家才能弄出一個頭緒。

我的翻譯裡，還有一些其他詞彙，比如 eternal recurrence, logos, monologic, enlightenment, synthesis of subject and substance 都沒有用通譯，每一個不用都是因為哲學家對某一詞彙有他自己特別的意思，要遵從哲學家在這個詞彙的特別用意的話，就不能用通譯了。

從嚴復思想的變遷
看百年中國夢

2013 06 04

追求國家富強無疑是中國百年之夢，中國的富強夢上可以追溯到李鴻章，張之洞等人，他們意識到同治中興的師夷長技以保儒教之本，已不足以應對來自工業化後西方列強的挑戰，甲午戰敗及拳亂之後中國面臨了在保教和救亡之間做一抉擇的時刻，士大夫上層已經有人意識到救亡更為首要，國將不國，教何以立，為了救亡，國體必須脫胎換骨，儒教若不能富國強兵，則可以捨去，當時嚴復在回復梁啟超的一封信中提出儒教不能保矣，即為一例。

中國儒法傳統下的政治經濟體系，對國家的要求是自給自足，對人民則講求和諧和守本份，這樣的前現代體制，此時已無法應對工業化後如狼似虎的西方列強，那麼如何才能超越同治中興師夷長技的局限，進一步學習西方以期達到富國強兵，這就需要從東西方思想差別中理出一個全盤的思路，嚴復可謂是當時深入探討西方富強根原的第一人。本文的宗旨是要從嚴復思想後期的變遷來看中國向西方學習所面臨的困境和自身的局限，從而觀察中國夢的最新進程。

嚴復早期的思想可以說是激進的，是屬於全盤西化派的，在他翻譯西方思想最鼎盛的時期，他的譯著包括了天演論（赫胥黎的 *Evolution and Ethics*），原富（亞當斯密的 *Wealth of Nations*），群學肆言（斯賓塞的 *The Study of Sociology*），群己權界論（John Stuart Mill 的 *On Liberty*），穆勒名學（John Stuart Mill 的 *A System of Logic*），社會通詮（Edward Jenks 的 *A History of Politics*），法意（Montesquieu 的 *De l'esprit des lois*）和名

學淺說（**William Stanley Jevons** 的 *Primer of Logic*）。從這樣寬廣的譯著中嚴復總結出西方的不同處在於，他們有旺盛的精力，有公共精神，能夠凝聚社會的合力成為強大的國力，作為一個外來者，嚴復往往能夠洞見一些西方人習以為常而不太自覺的現象，反觀當時中國社會所表現出來的是普遍的無力感，思想上懶惰，消極，社會上正像梁啟超說的只有私德，沒有公德，對士大夫的腐敗貪婪，儒教並不起作用，但對國家的不能富強，儒教之下自給自足的政治經濟思想卻有不可推卸的責任。

不過被認為是全盤西化論者的嚴復並不全面反對傳統文化，嚴復古文功底深厚，詩文俱佳，他的傳統學養可以歸類為桐城派，講究的是文字嚴謹優雅和言之有物，從嚴復譯著要求的信雅達可以看出他桐城派的功力，在傳統思想裡，嚴復試圖從中國古代思想裡尋求民主，自由，和形而上的因素，他尤其推崇老子和莊子的思想，認為與儒家相比，道家包含了更多自由和民主的因素，嚴復在這方面的努力，有時顯得相當牽強，不過無論古聖先賢的思想裡是否有這些因素，關鍵是中國自秦以降，兩千多年中央集權體制下，最後發展出來的社會形態是如此的頹廢和無力，這樣的政治經濟後果，嚴復主要歸因於文化和思想上的因素，這固然有其合理的成份，但是總的來說是有失偏頗的。

在嚴復全盤西化派時期，他所傳達的主要是斯賓塞（Herbert Spencer）的社會達爾文思想，嚴復的翻譯不是一種直接的翻譯，而是翻譯中帶有個人的理解和評述，無論是達爾文或斯賓塞都是從科學或社會科學的角度來闡述一種現象，他們的理論都不是一種主義，但是到了嚴復手裡就變成了中國該如何改變自己的指導思想，嚴復認為中國最需要的是用歸納性邏輯（Mill's inductive logic）為基礎的科學方法來規劃社會的發展，斯賓塞的個人主義追求在嚴復這裡就變成了個人應如何建立貢獻社會和國家的美德，嚴復對社會達爾文主義深信不疑，即萬物由簡到繁，由同一到分化，物競天擇下的道德觀，即不斷的鬥爭和弱肉強食之必然，和人類社會的進程必然是西方所呈現的形式等思路。

嚴復雖然深信自由平等和民主是人類最高的社會形式，但是他總是把英美傳統對自由平等和民主權利等作為終極理想的追求轉換成為國家富強的必須條件，如此一來，嚴復對自由平等民主和權利的要求就變成了一種功利性的條件要求，這個情況可以從他把赫胥黎（Huxley）的進化與道德一書 *Evolution and Ethics* 翻成了天演論可以看得出來，赫胥黎的原意是要批判斯賓塞的進化論道德觀，即弱肉強食之必然，赫胥黎認為進化不一定全是進步，人的社會應該有道德的和理想上的追求，

用以克制自然律的隨機性和殘酷性，嚴復則認
為斯賓塞的社會理論更為徹底，嚴復認同人的
私心是社會動力之本，同情心則是末，認為赫
胥黎顛倒本末了。

可以說嚴復衡量東西方思想的主要尺度
是能否使國家富強，在當時中國面臨瓜分的危
機下，這個可以理解，但是由於這個尺度的功
利性，使得嚴復對自由平等和權利等西方理想
的哲學性和終極性（as ends in itself）的認識
不足，嚴復大部分的翻譯集中在英國思想家中
也造成了他對西方思想瞭解上的局限。

另外嚴復把中國社會變革缺乏動力的主
因歸咎於思想因素，使他低估了中國在東亞沒
有受到其他巨大文明挑戰的結構性因素，也使
他忽視了亞當斯密的基本生存形態決定社會結
構的理論，更不用說馬克思的生產形式決定論

了，嚴復的無視社會主義理論也造成了後來寫嚴復傳的王栻用共產主義的眼光來批判他。

　　根據嚴復的另一個傳記作者周振甫的說法，嚴復的思想在晚年變回保守，退回到傳統思想中去，哈佛的史瓦茲教授（Benjamin Schwartz）在他的"*尋求富強：嚴復與西方 In Search of Wealth and Power, YenFu and the West*"一書中提出不同的看法，他認為嚴復一向是保守的，但是嚴復的保守是進化論式的保守，嚴復深受英國思想家們的薰陶，懷疑一切激進和革命的言論，更相信社會的重大變遷必須是漸進的演化的和保守的，必需先建立條件和提高人們的素質。另外嚴復此時由於對革命黨人的看法，開始認識到自由是需要有所規範的，即使在西方個人主義也不能絕對化，因而他把 **John Stuart Mill** 的*論自由*（*On Liberty*）翻譯成*群己權界論*，用以表明群體權利和個人權利之間是需要有所平衡的，總的來說，嚴復

回歸保守之說並不是說他要回歸傳統儒家治國
的理想，他對傳統中國社會的頹廢消極和不作
為可以說是深惡痛絕的，對人類社會進化的歷
程則深信不疑。

　　嚴復相信漸進演化，造成了他先支持維
持滿清的立憲運動，和後來支持袁世凱的立
場，他認為中國的演變和改進必須在一個穩定
的局面下進行，朝廷的威嚴及其後的政治強人
對嚴復來說都是穩定秩序的必要條件，雖然他
否認支持袁世凱稱帝之舉，不過在袁世凱和楊
度的壓力下，他的名字出現在支持帝制的籌安
會名單上，這個局面造成他難以在革命成功後
的民國時代繼續發展，嚴復終於回到了故鄉福
建，告老退隱。
　　在第一次世界大戰前後，嚴復的思想出
現了重大的波動，由於嚴復對自由平等和權利
的嚮往是功利性的，認為自由平等和權利的實
行是英國富強的條件，那麼當德日展現出沒有

民主自由的富強時，他的思想開始動搖了，使嚴復更為動搖的是來自於他對西方進程的反思，西方三百年的突飛猛進最終竟迎來了第一次世界大戰，一種世界從未經歷過的無比慘烈和互相毀滅的局面，在這方面史瓦茲提出西方文明的浮士德個性，即為了追求能量的最大化即使出賣靈魂也在所不惜，這樣就造成了不斷的爭霸，而不是像史賓塞所預言的，西方在進入工業化後會從軍事化政體轉換成合作性政體，事實剛好相反。此時嚴復看到了西方的"自私性，好戰性，和無恥性"。

　　嚴復一向不願把中國的問題歸罪於西方民族國家（nation state）和帝國的侵略，他強調中國的問題百份之七十是自身的問題，這個態度無疑是正確的，但是由於不提西方民族國家和帝國等因素，使得嚴復低估了西方的富強與民族國家和帝國興起之間的密切關係，史瓦茲指出西方的進程不全是社會的理想性，即自由平等和人權作為終極目標的追求之外，國家強盛的規劃在西方是一直存在的，只不過在理論上不太突出，史瓦茲同時指出西方的理想和國力之間的關係並不確定，第一次世界大戰後的嚴復開始認識到理論可以破滅，也重新理解到中國古聖先賢自給自足理想的先見性，使得東方避免了浮士德式自我毀滅的道路。工業化也不像斯賓塞說的會帶領西方從軍事化社會進入全球合作性的社會形態，相反，工業化帶來有更為強大軍事力量的民族國家和帝國，過去一個世紀軍事技術的突飛猛進就是明證，史瓦茲繼續指出，西方對自由平等和權利作為終極目標的追求是有長久歷史淵源的，包括古希臘的斯多葛哲學（stoicism），後來羅馬和基督教對斯多葛哲學的繼承和發揚，16世紀的宗教改革，英國的保守（Tory tradition）和法治傳統和龐大的律師階層等，這都不是一個沒有自由傳統的中國能夠光從知識的吸收就可以完全克服的。

嚴復反思東西方文明，並明確地把法治的普及性，自由平等和權利的保障看成人類社會最高的形態和富強的條件，用史賓塞的比喻來說，沒有一種生物可以不顧其細胞的健康而能保持整體的長久強大，即人民幸福沒有保障的發展是缺乏持久性的。

嚴復的反思向我們啟示，今日的中國不能不參與競爭，但是競爭的同時也要警惕自己不要掉入西方浮士德式的悲劇個性，這裡其實有一個融合西方和東方思想的契機，在今日全球面對環境嚴重透支和破壞的局面下，東方自給自足的理想要是能夠剔除因循頹廢的傾向，其追求和諧和求之於己的個性會對人類環境和資源的保護有所助益。而在今天國家之間不斷競爭的環境下，不競爭和不剔除因循頹廢都不是可選項。

從西方憲法歷史來看
中國憲政發展的前路
2014 07 22

西方憲法（constitution）一字有兩個根源，其一是事物組成 constitutive 的意思，比如人的組成部分有頭，身軀，手腳和五臟，國家的組成成分有政府，民眾，民眾裡有不同的階級和地位等等，第二個根源來自羅馬的法律詞彙 constitutio，其含義為成文的規範 **(written regulation)**，用在國家上即規範國家的大法之意。

西方憲法史可以追朔到古希臘的創法者 **(law giver)** 索倫 **(Solon)** 的廢除惡法 **(the Draconian law)** 始，在建立新法時，他廢除了人們因債務而成為奴隸的作法，並讓窮人們有一些最低的政治參與，比如參與司法審判，不過最高的政治還是按財產的多寡來決定參與政

167

治的程度，索倫的新法改革，可以說既有改變政體組成的成分，也有成文規範的意思，索倫的改革並不完全成功，人們還是對所屬部落（tribe）和對本地域保持高度的忠誠，索倫之後的改革者 Cleisthenes，把人們原來所屬的四個血統部落打散，然後建立十個新的非血統部落，每個新部落必須包含山區，平原，和城鎮的社區 demes，也就是讓不同宗族，不同地域，不同階層，富人和窮人混合成同一個部落，Cleisthenes 因加大了平民參政而得了民主制度創始人的美譽，這段歷史也說明了人類對社會改革工程的興趣由來已久。

說到古希臘的憲法源流，就不能不提到阿利斯多德的憲法比較，他比較了王權，寡頭，民主等六個不同政體的憲法，得出的結論是混合式的憲法比較保險和有成效，不過當時希臘不同的政體都是城邦政治，人們可以來到市場或廣場，面對面的參與論政，不用說都是有空閒，有地位，家裡有奴隸的人，每個城邦得出的政體都不同，整個希臘的城邦們就成了人類早期的政治實驗室，但是城邦政體很快退出歷史舞臺的主流，面對面直接參與的政治，包括希臘當時的直接民主制，也跟隨著人類政體的不斷變大而變得難以實施，希臘的論述為後世提供了政體的原型，希臘的城邦政治成為西方政治的不斷憧憬，但對近代憲法發展史來說，卻是影響不大。

西方現代的憲政發展，最重要的創新莫過於美國憲法的建立，首先美國的憲法是西方成文憲法的典範，成文憲法的重要性來自于潘恩（Thomas Paine）的論述，即政權必須按照人民群眾立下的條文來建立，人民是憲法的主體，政權是僕，即憲法的成立在先，政權的成立在後，這個論述同時指出，不成文憲法是由歷史沉澱下來的傳統，習慣，法令等形成的，這些不見得是全體人民所要的，不成文憲法更多的是反映了過去王權和貴族們的傳統權益，潘恩明確的說英國的不成文憲法不是憲法，從潘恩之後的憲法發展史來看，成文憲法的確成了世界憲政的主流，即政權的建立必須有所本，必須本于全民先決定的憲法藍圖，英國憲法學專家 A.V. Dicey 說的英國人權觀來自歷史上判例的積累，而不是來自成文憲法的抽象設計，固然是說明了英國人權觀有深厚的歷史憑據和可行性，但是這裡同時包含了憲法在中古時期和近代的不同之處。

美國憲法創新的歷史源頭有二，即羅馬的影響和英國的影響，以英國的影響為大，希臘的影響幾乎可以不計，甚至把希臘的直接民主當為反面教材。這裡先說羅馬的影響，羅馬的影響先發生於歐洲，後來也包括英國，羅馬對歐陸的影響主要是羅馬帝國時期的中央一統和皇權極大化，法律出自皇帝之口，即朕言為法的傳統，這個傳統對後來歐陸的王權專制

absolutism 的發展有很大影響，對法國的喜愛中央行政也有關係，但是當羅馬的影響來到英國的時候，英國早已根深蒂固的行使了習慣法（common law) 多時了，頑固的習慣法成為貴族們保護自己的特權和財產的利器，自由和權利的傳統由對特權的保護延申而出，在英國王權專制和貴族之間的鬥爭中，貴族們在議會裡最後的武器是說他們代表了人民的大多數，權利因而向下擴散，這裡英國傳承了羅馬的另一個傳統，即更早的羅馬共和時期的法理（jurisprudence） 概念，即法出自全體人民的概念，西塞羅因而說權力出自人民，權威出自元老院，和羅馬對政權的合法性（legitimacy） 來自法的認可，這個與中國的政權合法性來自天命說有巨大的差別，因為中國政權的天命，歸根結底的說是武力征戰的結果，當然羅馬的政權合法性的法的認可也有其武力現實的依據，但是對法在人們心中的地位，羅馬與中國的傳統就有了巨大的不同。此外羅馬法的公法與私法之分野也加強了英國對參與權（franchise），財產，自由和權利保護的傳統。由於這些羅馬法理概念的影響，英國的議會因而從習慣法作為唯一對王權制約的辦法，發展到後來的議會用代表廣大人民為理據奪過王權，議會對政權行使政治控制等新的發展，這個發展也是中古憲法觀和現代憲法觀的分界線，中古憲法觀主要依靠的是法律對權利和自由的保障，憲法裡習慣法和不成文的 convention 對王權的制約是憲法的主要成分，現代憲法認為光依靠法不夠，必須在法律約束後再加上議會，即人民的代表們，對政權的政治控制才能對體制做比較大的變動，才可以因應時代的變化，不至於僵化在古老法令的禁錮之中，於是現代憲法有了法和政治的兩樣控制法寶，兩樣都可以追索到羅馬的法出自人民，和 written regulation 的傳統。

　　對美國的立憲，英國傳統比羅馬的影響更大，主要表現在十三個殖民地裡行之已久的習慣法，權利和自由的傳統，和地方自治早已成熟，美國人是幸運的，他們在建立憲法之前，就有了行憲的文化和習慣，從這個角度來看，美國的革命一點也不革命，只是去除了騎在自己頭上的英國議會，政治習慣不需要在新憲下大為改動，英國的影響後來延伸為州自治權和後來的聯邦架構。而羅馬的影響除了轉自英國的共和理想即"法"出自人民，和 **written regulation** 對成文憲法的影響外，美國立國國父們還引進了羅馬元老院的設計，用以制衡平民議會。有論者認為古希臘的憲法工程是讓窮人有一定的參與權，即政體的組成要平均一點，各階層都有份，而美國國父們的憲法設計是政府之間的分權，即大家都耳熟能詳的三權分立，立法，行政，司法，而不是階級之間的分權，當然三權分立也是制約政府的一種辦法，但是沒有了各階層分權的做法了，固然希臘的階層分權也不是成功的嘗試，這個論說等於是說美國國父們對直接民主做了防範，對平民執政有所顧忌，對財產的保護是他們的擔憂，於是才有了後來在聯邦書信裡對直接民主的反對和對間接的代議民主，即共和體制的推崇。

　　還有一派學者對三權分立有不同的看法，即美式三權分立做過了頭，造成政府之間無休止的抗衡，政府於是被弱化了，甚至是今天美國利益政治和腐敗的根源，這派學者認為美國當年走三權分立是聽從了孟德斯鳩對英國憲政錯誤的解讀，和對英國議會至上（parliamentary supremacy）的極度反感造成的，英國當年對美洲殖民地的印花稅，英國議會說了就是法，就是定局，絕對沒有商量的餘地，引發了美洲獨立革命，於是革命後一定要去除議會獨大的局面，才有了兩院制和三權分立的設計。

　　這派學者引西敏寺議會制為例，說不完全的分權，政府比較有效，因而有對人民全權負責的好處，這是一種在司法能量（juridictio）和政治掌舵能量（gubernaculum）之間尋求一種平衡的思路，美國被看成司法能量高於政治掌舵能量的社會，托克維爾就曾經預言過美國的將來是律師的天下。

　　這派學者還認為有效的政府可以防範社會的腐敗，而三權分立的設計是防範不同政府部門之間的腐敗，即巨大威猛的行政權對司法權和對立法權的腐蝕，這兩種腐敗觀，即社會腐敗和政府腐敗都需要針對，對時下中國反腐在制度上的考量都有可以借鏡之處。

　　中國走憲政的道路，有幾個難處，首先中國沒有西方中古憲法觀裡“法”作為對政權侵蝕人民權益的防範傳統，中國古代法的傳統是政權以法治人，不是法治，法治首先要建立起來，從現代憲法觀來看，中國並不欠缺對政治方向的掌舵能力，中國的問題是作為政治控制主體的人大，並無實質上對政治方向的主導權，西方近年來的新共和主義強調的是，一個共和體制的正確與否，自由與否，端視其主僕關係是否正確，從這個角度看人大功能的落實非常必要。

　　回到中國當下的反腐任務，不能光從處理了多少個個案來看問題，還得要從根本上，制度上防腐著手，那麼上面說的政府權力之間的分立和防腐有必要列入考慮，固然不必完全的三權分立，但是也不能一權獨大，中國目前的社會腐敗需要國家全方位地思考這個問題，西方對腐敗這個問題的深刻反省和不同的憲政解讀，對我們都是有益的。

縱論天下君莫笑
古今中外 "都不是"

2016 06 08

孤燈清影窮皓首

以前我去香港或台灣做電訊方面的學術報告時，主持人往往出於客氣，介紹我為杜博士，起初我的開場白總是先澄清一番：杜博士的不是，本人只有電機碩士學位云云，讓主持人頗為尷尬，久而久之，為了不讓主人尷尬，我學會了先直接進入主題，會後有機會的話，才與留下來的聽眾私下澄清。

後來在互聯網上也有類似現象，比如有些人替我簽名於我從沒聽過的呼籲，落款為：杜智富（博士，溫哥華），這還算是客氣的，我上網閱讀的時間不多，等我發現這些不實的簽名和捏造時，往往已經是好幾年之後的事了，於是也無從向幫我捏造和簽名的仁兄們抗議，你們連我住哪都沒搞清楚，杜博士的更不是。

我從通訊業退休後，為了自娛，也爲了跳出工程師的微觀世界好進入觀察社會和政治的宏觀世界，我開始在大學裡修課，起先我的興趣是想要搞清楚政治與經濟之間的關係，於是我望文生義地走入了政治經濟學 (political economy)，兩個學期之後，我的興趣開始轉向更廣泛的政治理論和比較政治學，於是我轉入了政治系，我的膽子也比較大了，開始正式以 part time 的方式進修政治學學位，於幾年後完成了政治學碩士學位，我不時把這期間的政治學習簡約成爲中文的寫作，我以前寫的柏拉杜等搞笑文字，如新理想國，新狂人日記，酒宴，英語世界的正義觀和美國憲政等等文字，都是本人政治學學習時期的不成熟作品，態度卻毋寧是認真的。

寒窗十載終有成

　　政治學碩士之後，太太說你該消停了
吧，我想也是，不過學來的的政治理論和比較
政治學還沒經過考驗，更談不上應用於任何當
下的政治議題之上，豈不可惜，更重要的是學
到一半，會變成個"都不是"，於是太太很識大
體地又放行了，但是只許仍然以 **part time** 的方
式讀，就這樣我走上了政治學習的不歸路，開
始了我的博士論文長跑。如今我的博士論文終
於完成，答辯也順利通過，拿到學位後，太
太要我開始整理滿屋子凌亂的書籍與文檔，和
此後要做更多的運動和家務。

　　古今中外"都不是"

　　可在整理我過往的中文寫作時，我發現
越往後我的寫作越少人響應，甚至有人說老杜

越學越退步了，或許我可以自我安慰地說，可能是自己曲高和寡了，但這卻讓我想起了我的博士生導師的一番告誡，此人留一把大鬍子，很有蘇格拉底的架式，他打從第一天始就告誡我說，讀博士是一個不斷地提問和不斷地自我孤立的過程，到你達到孤家寡人之時，你的論文也就差不多快要完成了，這樣看，就不無可能是自己把古今中外讀成"都不是"的境界，（又"都不是"唸成正面的杜博士也可）。

縱論天下君莫笑

曲高和寡也好，古今中外"都不是"也罷，還是要回歸本人原來學習的目的：自娛，所以本人愛縱論天下的惡習還是會繼續的，只要有認真的讀者回應，也就心滿意足了。

國家安全的道德基礎與
中國人的天下行為

2017 09 23

近讀一篇很有啟發性的長文，題目為：國家安全的道德基礎及四個歷史時期的觀點，作者為：**Thomas L. Pangle,** 以下是筆者對此文的看法和引申。

此文先從古希臘的城邦政治和當時的哲學思想來看政治行為的道德基礎，此文繼而進入羅馬時期的犬儒哲學，中古時期的宗教哲學，最後到近代的德國理想主義哲學，來一一探討國際間行為在不同時期的道德基礎，同時此文給出各時代背景和當時哲學思想的關係，內容翔實豐富。

西方各歷史時期雖然各自提出不同的道德理念，但是不管是怎樣崇高的道德理念，當每個理念要落實到實際行為時，該道德理想就不得不面對那個時代的現實，於是對何為正義戰爭的界定，在每個時期都被現實政治所利用，在希臘時代就可為城邦的成霸而戰，在羅馬時代就可為帝國的擴張而戰，在中古時代，就可為某國禁止傳教士的進入而戰，在近代就可為某國妨礙貿易或關閉市場而戰，甚至為勢力均衡而戰，這些所謂的正義戰爭都因而有了當時的道德面貌，哲學家道德的原意到最後都會不幸的淪為榮耀，野心和利益的婢女，成為虛偽的掩飾。

德國理想主義哲學家康德，苦苦思考這個問題，首先他提出了出絕對性道德的標準，即個人自發於內心，絕無例外（**universal**）的，不帶私利的道德守則才是人最徹底自我立法和最徹底自由的表現，但是當他觀察到近代經貿發達和科技飛躍後的現代社會，他知道不可能用這樣的自發性和絕對性的道德律來規範現代民族國家，充其量最好的情況是各國願意尊從一些共同認可的國際法則，於是在國際間，道德只能讓位於法制，而一個在國際間有仲裁權威的法制必須建立，康德可以說是後人想要建立國聯，和聯合國的思想鼻祖，但是康德對這樣超國家的國際組織及其司法性質，還是擔憂其可行性和有效性，雖然如此，康德仍然希望大政治家們能夠身體力行，以崇高的道德來感召國際間的行為，康德對此，並不抱很大的希望，是一種知其不可為而為的呼籲而已。康德還想到一個建立超國家的國際組織的可能性，即當戰爭到了最後，各國都疲憊不堪，到了絕境後的痛定思痛才會同意建立超國家的國際組織，於是我們看到第一次世界大戰後建立的國聯，和第二次大戰後建立的聯合國。

　　回到不論從哪一種道德觀出發，而最終都會淪落為現實政治鬥爭的掩飾，這個就需要我們回顧當時的政治現實，不管是希臘的城邦政治，或中古的王權，或近代的民族國家，當國家進入戰爭狀態時，道德往往成為宣傳工具，也就是說國際間只要是維持目前的民族國家（nation states）之間的競爭，那麼國際間的無政府現狀（anarchistic international system）就會繼續，各國都必然從自身利益和存亡來思考問題，今天的讓美國再偉大起來，也是這樣的思維，因而各國都不可能考量全局觀，也就是我們中國人說的天下觀，西方人也不是完全沒有天下觀的出現，不過都是短暫的出現，即羅馬時期西塞羅的思想，康德的建議，還有在美國成為超強後的威爾遜總統的國聯建議，和羅斯福總統在二戰後建立的一系列天下性組織：聯合國，世界銀行，和其他的國際間的金融組織等等。

不過相比於中國人根深蒂固的天下思維習性，西方的天下觀的出現是不連續的片段，

不像中國有兩千多年的天下傳統，所以即使有
了像聯合國這樣的天下性組織，西方各國的思
維還是民族國家性質的，激烈的鬥爭因而不可
避免。

　　中國人今天仍保有的天下思維，並不能
撼動這樣根深蒂固的國際現實，中國人因而不
可能登高一呼，就能推動出康德期盼的天下治
理模式，中國推動的亞洲基礎建設銀行，一帶
一路，金磚集團，南南提挈等，固然含有推銷
產能過剩的成分，但也不能說是只為自身利益
而毫無全局觀的考量，要是成功的話，都可以
從一橋一路，一磚一瓦地做出康德所說的用行
為來示範，什麼是道德的天下行為，這同時也
解決了像聯合國這樣的為法制而建立的組織，
卻不能解決實際問題的困境，試想非洲過去，
和今天的對比，相差有多麼巨大，非洲的潛力
終于漸露頭角，不再是黑漆一片的黑大陸了。

　　當清末崩潰之際，梁啟超痛恨中國人的天下觀，認為天下思想是率中國人為禽獸之根源，他要中國急起直追，成為新的民族國家（見梁啓超的新民說），今天中國人重拾天下觀，這不是說中國人比西方有更美妙的哲學思維，而是指出，由於兩千年的朝代歷史，中國人形成了根深蒂固的天下思維習性，過去的國家危機並不能根除之，雖然我們不能期盼中國人的天下思維去改變西方主導的國際關係，但是中國人的天下思維習性，毋寧是一種西方所不熟悉的行為範式，兩千多年的西方國際鬥爭史說明，世界的確是到了需要新行為範式的時候，中國人的天下行為若能從實際層面給出這樣的範式，或許康德，作為當年德國人戲稱的中國佬，能夠稱許今天中國人的天下式行為。

當今世界的兩個基本矛盾

2018 06 29

今天全球的動盪不安，可以總結為兩股基本性力量的相互糾纏和頃砸，一股是推動全球生產鏈分佈的資本力量，另一股是分佈全球的民族國家（**nation states**）。

今天遊走全球的資本力量持續地展現其內部嚴重的問題，資本在掌控了全球生產鏈後，資本的頂層逞金融化和無國界化，造成頂層金融資本所在的發達國家走向產業空洞化，產業空洞化下的國民卻是生活在有國界的 **nation state** 之內的，並不能隨意像資本那樣可以瞬間轉移，這個現象造成貧富差距拉大，和造成巨大的無業人口，同時也加深了民族國家之間的矛盾，使得無序的國際關係更為兇險，而民族國家之間的鬥爭，卻是最激動人心的，那麼問題是如何解開這兩股力量的生死糾結。

在資本方面，我們可以根據歷史的軌跡高度概括地說，歷史上每一波巨大的創新，都會產生巨大的財富，和隨之而來的財富積纍和貧富差距的拉大，與此同時也必有新的一波無業人口，社會的結構因而改動，並引發後續的政治和文化上的動蕩，農業社會的興起如此，工業社會的興起如此，后工業社會的信息革命也將如此。

由於資本的興起和社會變動的關係，我們必須要問的是，是社會應該服務資本還是資本應該服務社會，問題是資本不能只顧資本自身的發展而無視因其所引發的社會動蕩，從社會的角度來看，資本必須服務于社會的發展，未來的走向必將導致資本的自由被國家節制，甚至被國際體制所節制，用以降低貧富差距，用以解決無業人口的基本生計，比如各國用資本產出巨大財富的一部分來保障個人生存的基

本收入 (universal basic income)，比如向高頻交易收取投機稅，即全球同步實施 Tobin Tax，全球這樣收上來的稅收，据聯合國的估計，可以解決各國許多的民生問題，比如醫療，教育和福利等的支出。

在民族國家層面而言，現存已久的國際間無政府狀態必須被打破，一個公平民主的國際體系必須被建立，一掃目前霸權橫行的局面，也只有在一個公平和民主的國際體系下，才能談有效的駕馭全球資本為各國社會的發展而服務。G20，和加強型的聯合國都是全球治理改革的好基礎。

在即將到來高度自動化和人工智能時代，財富是否繼續極度集中，大量的無業人口如何解決等等，都是無可逃避的問題，社會必將迎來新一波動蕩，甚至重構，政治和文化也將隨之波動。如何未雨綢繆正是我們當下應該認真思考的問題，在我的另一本著作裹：

"*2080 When Women Are in Charge*"， 一些
因應的可能性被提出來，希望這些可能性能夠
引起有興趣的朋友來一同探討未來社會的出
路。

www.ingramcontent.com/pod-product-compliance
Lightning Source LLC
Chambersburg PA
CBHW070118260726
48658CB00001B/158